TURNOVER YEMEK KİTABI

100 Lezzet ve Lezzet Tarifi

Esma Can

Telif Hakkı Malzemesi ©2024

Her hakkı saklıdır

Bu kitabın hiçbir bölümü, incelemede kullanılan kısa alıntılar dışında, yayıncının ve telif hakkı sahibinin uygun yazılı izni olmadan, hiçbir şekilde veya yöntemle kullanılamaz veya aktarılamaz. Bu kitap tıbbi, hukuki veya diğer profesyonel tavsiyelerin yerine geçmemelidir.

İÇİNDEKİLER

İÇİNDEKİLER 3
GİRİİŞ 6
MEYVE CİROLARI 7
   1. Elma Cirolari 8
   2. Kiraz Cirolari 10
   3. Apple Biscoff Cirolari 12
   4. Armut Cirolari 14
   5. Elmali Şeftali Cirolari 17
   6. Elma-Cheddar Cirolari 19
   7. Limonlu Yaban Mersini Cirolari 21
   8. Kayisi Cirolari 23
   9. Cran-Apple Tamale Cirolari 25
   10. Akçaağaç Sirli Kizilcik Cirolari 27
   11. Ananas Cirolari 29
   12. Sabayonlu Karişik Meyve Cirolari 31
   13. Şeftali-Badem Cirolari 33
   14. Armut ve Zencefil Cirolari 35
   15. Ahududu Cirolari 37
   16. Şeftali ve Krema Cirolari 39

KAHVE CİROLARI 41
   17. Kapuçino Cirolari 42
   18. Kahve-Çikolata Cirolari 44
   19. Kahve-Badem Cirolari 46
   20. Kahve-Karamel Cirolari 48
   21. Espresso Krem Peynir Cirolari 50
   22. Kahve Ceviz Cirolari 52
   23. Mocha Kremasi Cirolari 54
   24. Kahve Findik Cirolari 56
   25. Kahve Kiraz Cirolari 58

KANATLI CİROLARI 60
   26. Körili Tavuk Cirolari 61
   27. Körili Hindi Cirolari 63
   28. Füme Tavuk Köri Cirolari 65
   29. Jambonlu ve Peynirli Tavuk Cirolari 67
   30. Salsa Tavuk Cirolari 69
   31. Manda Tavuğu Cirolari 71
   32. Mantarli Tavuk Cirolari 73
   33. Ispanakli ve Beyaz Tavuk Cirolari 75
   34. Barbekü Tavuk Cirolari 77
   35. Caprese Tavuk Cirolari 79

36. YUNAN TAVUK CİROLARI 81
37. PESTO TAVUK CİROLARI 83
38. CAJUN TAVUK CİROLARI 85
39. FLORANSALI TAVUK CİROLARI 87
40. TAVUK PESTO VE GÜNEŞTE KURUTULMUŞ DOMATES CIROLARI 89
41. SARIMSAKLI KREMA SOSLU TAVUK VE MANTAR CIPSLERİ 91

DANA VE KUZU CİROLARI 93
42. ÇIZBURGER CIROLARI 94
43. PUL PUL SIĞIR CIROLARI 96
44. KIYMA CIROLARI 98
45. İTALYAN ET CIROLARI 100
46. RUBEN CIROLARI 102
47. SOSIS VE PATATES MINI CIROLARI 104
48. SOSIS VE MANTAR CIROLARI 106
49. FÜME JAMBON VE KEÇI PEYNIRI CIROLARI 108
50. MOĞOL SIĞIR CIROLARI 110
51. KUZU VE BEYAZ PEYNIR CIROLARI 112
52. SIĞIR VE BROKOLI CIROLARI 114
53. BAHARATLI KUZU CIROLARI 116

BALIK VE DENİZ ÜRÜNLERİ CİROLARI 118
54. KEREVIT CIROLARI 119
55. TARAK VE PASTIRMA CIROLARI 121
56. KARIDES SCAMPI CIROLARI 123
57. TON BALIĞI CIROLARI 125
58. GALİÇYA MORINA CIROLARI 128
59. KARIDES CIROLARI 131
60. JOHN DORY CIROLARI 134
61. MISIR VE İSTAKOZ CIROLARI 137
62. SARIMSAK OTU VE SOMON CIROLARI 140
63. MINI YENGEÇ CIROLARI 142
64. TILAPYA CIROLARI 145

DOMUZ CİROLARI 148
65. ÇEKILMIŞ DOMUZ CIROLARI 149
66. ELMA DOMUZ CIROLARI 151
67. SOSIS VE ELMA CIROLARI 153
68. HOISIN DOMUZ CIROLARI 155
69. DOMUZ ETI VE KIMCHI CIROLARI 157
70. DOMUZ ETI VE LAHANA CIROLARI 159
71. DOMUZ ETI VE FASULYE FILIZ CIROLARI 161
72. DOMUZ ETI VE ANANAS CIROLARI 163

PEYNİR CİROLARI 165
73. ISPANAK VE BEYAZ PEYNIR CIROLARI 166
74. ÜÇ PEYNIR CIROSU 168

- 75. Kaşar ve Brokoli Ciroları 170
- 76. Mavi Peynir ve Armut Ciroları 172
- 77. Keçi Peyniri ve Közlenmiş Kırmızı Biber Ciroları 174
- 78. Brie ve Cranberry Ciroları 176
- 79. Çedar ve Elma Ciroları 178
- 80. Ricotta ve Ispanak Ciroları 180
- 81. Mantar ve İsviçre Peyniri Ciroları 182
- 82. Bacon ve Gouda Ciroları 184
- 83. Güneşte Kurutulmuş Domates ve Mozzarella Ciroları 186
- 84. Enginar ve Parmesan Ciroları 188
- 85. Pizza Ciroları 190

TATLI CİROLARI 193
- 86. Elma Tarçın Ciroları 194
- 87. Kiraz Badem Ciroları 196
- 88. Nutella Muz Ciroları 198
- 89. Şeftali Ayakkabıcı Ciroları 200
- 90. Vanilya Sırlı Karışık Meyve Ciroları 202
- 91. Çikolatalı Fındık Ciroları 204
- 92. Sütlaç Ciroları 206

SEBZE CİROLARI 208
- 93. Otlu Patates Ciroları 209
- 94. Mantar Ciroları 211
- 95. Keçi Peyniri ve Ispanak Ciroları 213
- 96. Gorgonzola Soslu Sebze Ciroları 215
- 97. Patates ve Frenk Soğanı Ciroları 217
- 98. Ispanak Ciroları 219
- 99. Patlıcan Ciroları 221
- 100. Közlenmiş Domates Soslu Sebze Ciro 223

ÇÖZÜM 225

GİRİŞ

Leziz ve lezzetli cirolar yaratma sanatında ustalaşma rehberiniz " TURNOVER YEMEK KİTABI"na hoş geldiniz. Altın rengi, tereyağlı kabukları ve lezzetli dolgularıyla cirolar, dünyanın her yerinde kahvaltıda, tatlıda veya günün herhangi bir saatinde keyifle tüketilen çok yönlü bir hamur işidir. Bu yemek kitabında cirolarınızı sıradanlıktan sıra dışılığa taşıyacak 100 ağız sulandıran tarif sunuyoruz.

Cirolar, çok çeşitli tatlı veya tuzlu malzemelerle doldurulabilen, onları her durum için mükemmel kılan enfes bir ikramdır. İster elma veya kiraz gibi klasik meyve dolgularını, ister peynir ve ıspanak gibi lezzetli seçenekleri, ister çikolata ve fındık gibi hoş kombinasyonları tercih edin, bu yemek kitabında her zevke ve arzuya uygun bir çevirme tarifi var.

Ancak "TURNOVER YEMEK KİTABI" sadece bir tarif koleksiyonundan daha fazlasıdır; hamur işi yapma sanatının ve lezzetli ikramları arkadaşlarınız ve ailenizle paylaşmanın keyfinin bir kutlamasıdır. Her tarif ulaşılabilir, takip edilmesi kolay olacak ve acemi fırıncılar için bile etkileyici sonuçlar vereceği garanti edilecek şekilde tasarlanmıştır.

Yani, bir sonraki brunch'ınızda misafirlerinizi etkilemek, ailenize ev yapımı bir tatlı ısmarlamak veya sadece lezzetli bir atıştırmalıkla kendinizi şımartmak istiyorsanız, cirolarla ilgili her şey için "TURNOVER YEMEK KİTABI"nın başvuracağınız kaynak olmasına izin verin. İlk lapa lapa lokmanızdan, dolmasın son kalan tadına kadar, her ciro size neşe ve tatmin getirsin.

MEYVE CİROLARI

1.Elma Ciroları

İÇİNDEKİLER:

- 2 elma, soyulmuş, çekirdekleri çıkarılmış ve ince doğranmış
- 1 yemek kaşığı şeker, ayrıca serpmek için ekstra
- bir tutam tarçın
- 1 yumurta, hafifçe çırpılmış
- 2 yaprak puf böreği, çözülmüş
- 1 çay kaşığı pudra şekeri (isteğe bağlı)

TALİMATLAR:

a) Elmayı, şekeri ve tarçını küçük bir kasede birleştirin. Elmanın kaplanması için karıştırın.

b) Her iki puf böreği yaprağını dörde bölün, böylece her bir yaprak dört kareye sahip olur.

c) Elma karışımını her karenin üzerine dökün ve kenarlarına yumurta sürün.

ç) Bir üçgen oluşturmak için her kareyi kendi üzerine katlayın. Kenarlarını bastırıp çatalla bastırarak kapatın.

d) Her üçgenin üstünü yumurtayla fırçalayın ve fazladan şeker serpin.

e) Hava fritözü sepetine dört üçgen yerleştirin . 180°C'de 11 dakika veya altın kahverengi olana ve tamamen kabarıncaya kadar pişirin. İki parti halinde pişirmeniz gerekecek.

2.Kiraz Ciroları

İÇİNDEKİLER:

- 17¼ onsluk dondurulmuş puf böreği paketi çözülmüş
- 21 onsluk kutu vişneli turta dolgusu, süzülmüş
- 1 su bardağı pudra şekeri
- 2 yemek kaşığı su

TALİMATLAR:

a) Milföy hamurlarını ayırın ve her birini 4 kareye kesin.
b) Pasta dolgusunu kareler arasında eşit olarak bölün.
c) Hamurun kenarlarını suyla fırçalayın ve çapraz olarak ikiye katlayın.
ç) Kenarlarını bir çatalla kapatın ve kıvırın. Hava almak için topların üst kısmına bıçakla küçük bir yarık açın.
d) Yağlanmamış bir fırın tepsisinde 400 derecede 15 ila 18 dakika, kabarıp altın rengi oluncaya kadar pişirin. Hafifçe soğumaya bırakın.
e) Pudra şekeri ve suyu karıştırın; sıcak topaklar üzerine çiseleyin.

3. Apple Biscoff Ciroları

İÇİNDEKİLER:

- 2 yaprak puf böreği, çözülmüş
- 2 orta boy elma, soyulmuş, çekirdeği çıkarılmış ve doğranmış
- 2 yemek kaşığı toz şeker
- 1 çay kaşığı öğütülmüş tarçın
- ½ fincan Biscoff kreması
- 1 yumurta, çırpılmış (yumurta yıkamak için)
- Üzerine serpmek için pudra şekeri

TALİMATLAR:

a) Fırını önceden 200°C'ye (400°F) ısıtın ve fırın tepsisini parşömen kağıdıyla kaplayın.

b) Bir kapta doğranmış elmaları, toz şekeri ve öğütülmüş tarçını iyice birleşene kadar karıştırın.

c) Milföy hamurlarını hafifçe unlanmış bir yüzeyde açın ve kare veya dikdörtgen şeklinde kesin.

ç) Her kare veya dikdörtgenin yarısına bir kaşık dolusu Biscoff sürün ve kenarlarında bir kenarlık bırakın.

d) Biscoff kremasının üzerine bir kaşık elmalı karışımdan koyun.

e) Hamurun diğer yarısını dolgunun üzerine katlayın ve kenarlarını birbirine bastırarak kapatın.

f) Ciroların kenarlarını kıvırmak için bir çatal kullanın.

g) Ciroları hazırlanan fırın tepsisine yerleştirin ve üstlerini çırpılmış yumurta yıkamasıyla fırçalayın.

ğ) Önceden ısıtılmış fırında 15-20 dakika veya altın rengi kahverengi olana ve kabarıncaya kadar pişirin.

h) Fırından çıkarın ve köfteleri tel ızgara üzerinde soğumaya bırakın.

ı) Servis yapmadan önce üzerine pudra şekeri serpin. Sıcak veya oda sıcaklığında servis yapın.

4.Armut Ciroları

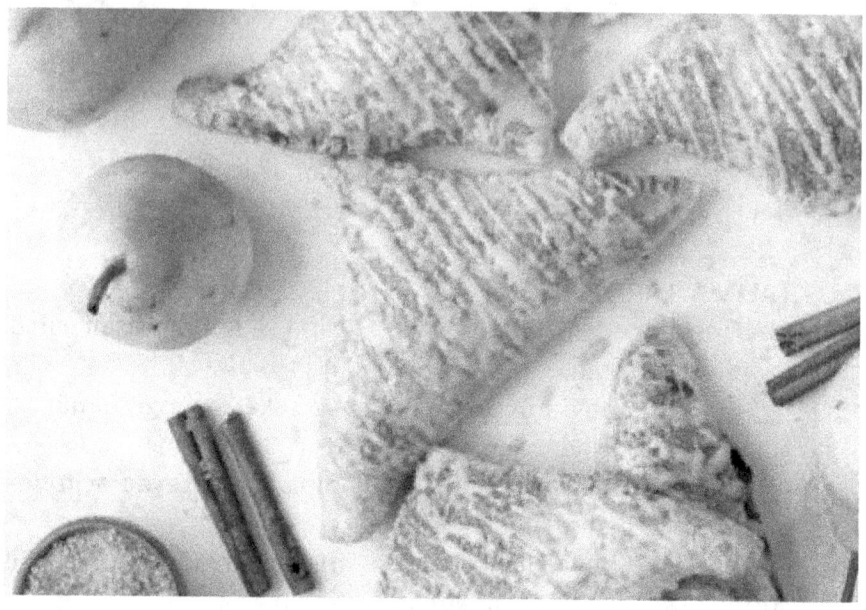

İÇİNDEKİLER:
DOLGU İÇİN:
- 6 ila 8 çekirdeği çıkarılmış ve ince doğranmış Medjool hurması
- ¼ çay kaşığı karbonat
- 3 yemek kaşığı tuzsuz tereyağı
- 5 veya 6 olgun orta boy Bosc armut, soyulmuş, çekirdeği çıkarılmış ve doğranmış
- 2 çay kaşığı vanilya özü
- 1 çay kaşığı öğütülmüş tarçın
- 1 çay kaşığı öğütülmüş zencefil
- ¼ çay kaşığı öğütülmüş yenibahar
- Öğütülmüş karanfilleri sıkıştırın
- ¼ çay kaşığı koşer tuzu

CİROLAR İÇİN:
- Yaklaşık 1 pound mağazadan satın alınan veya ev yapımı puf böreği
- 1 büyük yumurta, hafifçe dövülmüş
- 2 yemek kaşığı ağır krema

TALİMATLAR:
DOLGU İÇİN:
a) Küçük bir kapta hurmaları ve kabartma tozunu birleştirin. Hurmaların üzerini ıslatacak kadar sıcak su dökün. Karbonatı eritmek için karıştırın ve hurmaları 10 ila 15 dakika bekletin.
b) Hurmaları boşaltın ve pürüzsüz ve yumuşak oluncaya kadar bir kaşık veya çatalla hafifçe ezin.
c) Büyük bir tavada, orta ateşte tereyağını eritin. Ezilmiş hurma püresini, doğranmış armutları, vanilyayı, tarçını, zencefili, yenibaharı, karanfilleri ve tuzu ekleyin.
ç) Hurmalar ve armutlar yumuşamaya başlayana ve baharatlar iyice dağılana kadar 5-6 dakika pişirin. Karışım kuru görünüyorsa yarım bardak kadar su ekleyin.
d) Hurmalar armutların içinde eriyene ve karışım yumuşak armut kompostosu gibi görünene kadar 5 ila 6 dakika daha pişirmeye devam edin. Isıdan çıkarın ve soğumaya bırakın. Yaklaşık 3 ½ bardak kompostoya sahip olmalısınız.

CİROLAR İÇİN :
e) Fırını önceden 350°F'ye (175°C) ısıtın. Bir fırın tepsisini parşömen kağıdıyla hizalayın.
f) Unlu bir çalışma yüzeyinde, puf böreğini ince bir dikdörtgen şeklinde açın. Düzgün bir dikdörtgen oluşturmak için kenarları kesin.
g) Hamuru 8 eşit kareye kesin. Her karenin yarısına yaklaşık ⅓ bardak armut kompostosu koyun ve kenarlarda bir kenarlık bırakın.
ğ) Hamurun kenarlarını çırpılmış yumurtayla fırçalayın, ardından hamuru komposto üzerine katlayarak bir üçgen oluşturun. Bir çatal kullanarak kenarları sıkıca bastırarak kapatın.
h) Ciroları hazırlanan fırın tepsisine aktarın. Üstlerini yumurta ve krema karışımıyla fırçalayın.
ı) Cipsler altın rengi kahverengi olana ve tamamen pişene kadar 50 ila 60 dakika pişirin.
i) Servis yapmadan önce ciroların fırın tepsisinde en az 1 saat soğumasını bekleyin. Eğlence!

5.Elmalı Şeftali Ciroları

İÇİNDEKİLER:

- 2 elma, soyulmuş, çekirdeği çıkarılmış ve doğranmış
- 2 şeftali, soyulmuş, çekirdeği çıkarılmış ve doğranmış
- 1/4 su bardağı şeker
- 1 çay kaşığı öğütülmüş tarçın
- 1/4 çay kaşığı öğütülmüş hindistan cevizi
- 1 yemek kaşığı limon suyu
- 1 paket puf böreği, çözülmüş
- 1 yumurta, dövülmüş

TALİMATLAR:

a) Fırını 375°F'ye (190°C) önceden ısıtın.
b) Bir kapta doğranmış elmaları, şeftalileri, şekeri, tarçını, hindistan cevizini ve limon suyunu birleştirin.
c) Milföy hamurunu açın ve kareler halinde kesin.
ç) Her kareye bir kaşık elma-şeftali karışımından koyun.
d) Hamuru üçgen oluşturacak şekilde dolgunun üzerine katlayın ve kenarlarını bir çatalla kapatın.
e) Ciroları çırpılmış yumurta ile fırçalayın.
f) Parşömen kağıdıyla kaplı bir fırın tepsisine yerleştirin ve 20-25 dakika veya altın kahverengi olana kadar pişirin.
g) Servis yapmadan önce hafifçe soğumaya bırakın.

6.Elma-Cheddar Ciroları

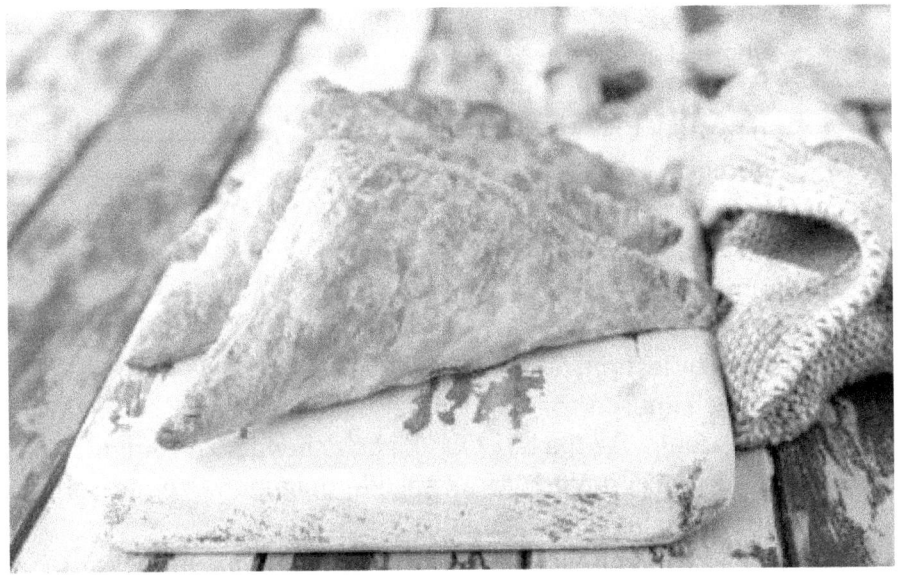

İÇİNDEKİLER:

- 2 elma, soyulmuş, çekirdeği çıkarılmış ve doğranmış
- 1 su bardağı rendelenmiş kaşar peyniri
- 2 yemek kaşığı esmer şeker
- 1/2 çay kaşığı öğütülmüş tarçın
- 1 paket puf böreği, çözülmüş
- 1 yumurta, dövülmüş

TALİMATLAR:

a) Fırını 375°F'ye (190°C) önceden ısıtın.
b) Bir kapta doğranmış elmaları, çedar peynirini, esmer şekeri ve tarçını birleştirin.
c) Milföy hamurunu açın ve kareler halinde kesin.
ç) Her karenin üzerine birer kaşık elma-cheddar karışımından koyun.
d) Hamuru üçgen oluşturacak şekilde dolgunun üzerine katlayın ve kenarlarını bir çatalla kapatın.
e) Ciroları çırpılmış yumurta ile fırçalayın.
f) Parşömen kağıdıyla kaplı bir fırın tepsisine yerleştirin ve 20-25 dakika veya altın kahverengi olana kadar pişirin.
g) Servis yapmadan önce hafifçe soğumaya bırakın.

7.Limonlu Yaban Mersini Ciroları

İÇİNDEKİLER:

- 2 yaprak puf böreği, çözülmüş
- 1 su bardağı taze yaban mersini
- 1/4 su bardağı toz şeker
- 1 limonun kabuğu rendesi ve suyu
- 1 yemek kaşığı mısır nişastası
- 1 yumurta, dövülmüş
- Üzerine serpmek için pudra şekeri

TALİMATLAR:

a) Fırınınızı önceden 375°F (190°C) ısıtın. Bir fırın tepsisini parşömen kağıdıyla hizalayın.
b) Bir kapta taze yaban mersini, toz şeker, limon kabuğu rendesi, limon suyu ve mısır nişastasını iyice birleşene kadar karıştırın.
c) Milföy hamurlarını açın ve her birini 4 kareye kesin.
ç) Her bir hamur karesinin yarısına bir kaşık dolusu yaban mersinli karışımdan koyun.
d) Hamurun diğer yarısını üçgen şekli oluşturacak şekilde dolgunun üzerine katlayın. Kapatmak için kenarları bir çatalla birbirine bastırın.
e) Ciroları hazırlanan fırın tepsisine aktarın.
f) Çırpılmış yumurta ile ciroların üst kısımlarını fırçalayın.
g) Önceden ısıtılmış fırında 20-25 dakika ya da topaklar altın rengi kahverengi ve kabarıncaya kadar pişirin.
ğ) Pudra şekeri serpmeden önce ciroların hafifçe soğumasını bekleyin.
h) Sıcak servis yapın ve tadını çıkarın!

8.Kayısı Ciroları

İÇİNDEKİLER:

- 1 su bardağı kayısı konservesi
- 1/4 su bardağı kıyılmış badem
- 1 paket puf böreği, çözülmüş
- 1 yumurta, dövülmüş

TALİMATLAR:

a) Fırını 375°F'ye (190°C) önceden ısıtın.
b) Milföy hamurunu açın ve kareler halinde kesin.
c) Her karenin üzerine birer kaşık kayısı reçeli koyun.
ç) Reçellerin üzerine kıyılmış badem serpin.
d) Hamuru üçgen oluşturacak şekilde dolgunun üzerine katlayın ve kenarlarını bir çatalla kapatın.
e) Ciroları çırpılmış yumurta ile fırçalayın.
f) Parşömen kağıdıyla kaplı bir fırın tepsisine yerleştirin ve 20-25 dakika veya altın kahverengi olana kadar pişirin.
g) Servis yapmadan önce hafifçe soğumaya bırakın.

9.Cran-Apple Tamale Ciroları

İÇİNDEKİLER:

- 1 su bardağı taze kızılcık
- 2 elma, soyulmuş, çekirdeği çıkarılmış ve doğranmış
- 1/4 su bardağı şeker
- 1/2 çay kaşığı öğütülmüş tarçın
- 1 paket puf böreği, çözülmüş
- 1 yumurta, dövülmüş

TALİMATLAR:

a) Fırını 375°F'ye (190°C) önceden ısıtın.
b) Bir tencerede kızılcıkları, doğranmış elmaları, şekeri ve tarçını birleştirin. Kızılcıklar patlayana ve karışım koyulaşana kadar orta ateşte pişirin.
c) Milföy hamurunu açın ve kareler halinde kesin.
ç) Her kareye birer kaşık kızılcık-elma karışımından koyun.
d) Hamuru üçgen oluşturacak şekilde dolgunun üzerine katlayın ve kenarlarını bir çatalla kapatın.
e) Ciroları çırpılmış yumurta ile fırçalayın.
f) Parşömen kağıdıyla kaplı bir fırın tepsisine yerleştirin ve 20-25 dakika veya altın kahverengi olana kadar pişirin.
g) Servis yapmadan önce hafifçe soğumaya bırakın.

10.Akçaağaç Sırlı Kızılcık Ciroları

İÇİNDEKİLER:

- 1 bardak kızılcık sosu
- 1 paket puf böreği, çözülmüş
- 1 yumurta, dövülmüş
- 1/2 su bardağı pudra şekeri
- 2 yemek kaşığı akçaağaç şurubu

TALİMATLAR:

a) Fırını 375°F'ye (190°C) önceden ısıtın.
b) Milföy hamurunu açın ve kareler halinde kesin.
c) Her karenin üzerine bir kaşık kızılcık sosu koyun.
ç) Hamuru üçgen oluşturacak şekilde dolgunun üzerine katlayın ve kenarlarını bir çatalla kapatın.
d) Ciroları çırpılmış yumurta ile fırçalayın.
e) Parşömen kağıdıyla kaplı bir fırın tepsisine yerleştirin ve 20-25 dakika veya altın kahverengi olana kadar pişirin.
f) Sır yapmak için küçük bir kapta pudra şekeri ve akçaağaç şurubunu karıştırın.
g) Servis yapmadan önce sosunu topların üzerine gezdirin.

11. Ananas Ciroları

İÇİNDEKİLER:

- 1 bardak ezilmiş ananas, süzülmüş
- 1/4 su bardağı şeker
- 1 yemek kaşığı mısır nişastası
- 1 paket puf böreği, çözülmüş
- 1 yumurta, dövülmüş

TALİMATLAR:

a) Fırını 375°F'ye (190°C) önceden ısıtın.
b) Bir tencerede ezilmiş ananas, şeker ve mısır nişastasını birleştirin. Orta ateşte koyulaşana kadar pişirin.
c) Milföy hamurunu açın ve kareler halinde kesin.
ç) Her kareye bir kaşık ananas karışımından koyun.
d) Hamuru üçgen oluşturacak şekilde dolgunun üzerine katlayın ve kenarlarını bir çatalla kapatın.
e) Ciroları çırpılmış yumurta ile fırçalayın.
f) Parşömen kağıdıyla kaplı bir fırın tepsisine yerleştirin ve 20-25 dakika veya altın kahverengi olana kadar pişirin.
g) Servis yapmadan önce hafifçe soğumaya bırakın.

12.Sabayonlu Karışık Meyve Ciroları

İÇİNDEKİLER:

- 1 su bardağı karışık meyveler (çilek, yaban mersini, ahududu gibi)
- 1/4 su bardağı şeker
- 1 yemek kaşığı mısır nişastası
- 1 çay kaşığı limon suyu
- 1 paket puf böreği, çözülmüş
- 1 yumurta, dövülmüş
- 1/2 su bardağı şeker
- 4 yumurta sarısı
- 1/2 bardak kuru beyaz şarap
- 1 çay kaşığı vanilya özü
- 1/2 çay kaşığı öğütülmüş tarçın

TALİMATLAR:

a) Fırını 375°F'ye (190°C) önceden ısıtın.
b) Bir tencerede karışık meyveleri, şekeri, mısır nişastasını ve limon suyunu birleştirin. Orta ateşte koyulaşana kadar pişirin.
c) Milföy hamurunu açın ve kareler halinde kesin.
ç) Her kareye birer kaşık karışık meyve karışımından koyun.
d) Hamuru üçgen oluşturacak şekilde dolgunun üzerine katlayın ve kenarlarını bir çatalla kapatın.
e) Ciroları çırpılmış yumurta ile fırçalayın.
f) Parşömen kağıdıyla kaplı bir fırın tepsisine yerleştirin ve 20-25 dakika veya altın kahverengi olana kadar pişirin.
g) Sabayon için: Isıya dayanıklı bir kapta şekeri, yumurta sarısını, beyaz şarabı, vanilya özütünü ve öğütülmüş tarçını birlikte çırpın.
ğ) Kaseyi kaynayan su dolu bir tencerenin (çift kazan) üzerine yerleştirin ve karışım kalınlaşıp hacmi üç katına çıkana kadar sürekli çırpın.
h) Cipsleri bir parça tarçın-vanilya sabayon ile sıcak olarak servis edin.

13.Şeftali-Badem Ciroları

İÇİNDEKİLER:

- 2 şeftali, soyulmuş, çekirdeği çıkarılmış ve doğranmış
- 1/4 su bardağı şeker
- 1/4 çay kaşığı badem özü
- 1 paket puf böreği, çözülmüş
- 1 yumurta, dövülmüş
- 1/4 bardak dilimlenmiş badem

TALİMATLAR:

a) Fırını 375°F'ye (190°C) önceden ısıtın.
b) Bir kapta doğranmış şeftalileri, şekeri ve badem özünü birleştirin.
c) Milföy hamurunu açın ve kareler halinde kesin.
ç) Her kareye bir kaşık şeftali karışımından koyun.
d) Dolgunun üzerine dilimlenmiş badem serpin.
e) Hamuru üçgen oluşturacak şekilde dolgunun üzerine katlayın ve kenarlarını bir çatalla kapatın.
f) Ciroları çırpılmış yumurta ile fırçalayın.
g) Parşömen kağıdıyla kaplı bir fırın tepsisine yerleştirin ve 20-25 dakika veya altın kahverengi olana kadar pişirin.
ğ) Servis yapmadan önce hafifçe soğumaya bırakın.

14. Armut ve Zencefil Ciroları

İÇİNDEKİLER:

- 2 armut, soyulmuş, çekirdeği çıkarılmış ve doğranmış
- 2 yemek kaşığı kristalize zencefil, ince doğranmış
- 2 yemek kaşığı şeker
- 1/2 çay kaşığı öğütülmüş tarçın
- 1 paket puf böreği, çözülmüş
- 1 yumurta, dövülmüş

TALİMATLAR:

a) Fırını 375°F'ye (190°C) önceden ısıtın.
b) Bir kapta doğranmış armutları, kristalize zencefili, şekeri ve tarçını birleştirin.
c) Milföy hamurunu açın ve kareler halinde kesin.
ç) Her kareye bir kaşık armut-zencefil karışımından koyun.
d) Hamuru üçgen oluşturacak şekilde dolgunun üzerine katlayın ve kenarlarını bir çatalla kapatın.
e) Ciroları çırpılmış yumurta ile fırçalayın.
f) Parşömen kağıdıyla kaplı bir fırın tepsisine yerleştirin ve 20-25 dakika veya altın kahverengi olana kadar pişirin.
g) Servis yapmadan önce hafifçe soğumaya bırakın.

15. Ahududu Ciroları

İÇİNDEKİLER:

- 1 su bardağı taze ahududu
- 2 yemek kaşığı şeker
- 1 yemek kaşığı mısır nişastası
- 1 paket puf böreği, çözülmüş
- 1 yumurta, dövülmüş

TALİMATLAR:

a) Fırını 375°F'ye (190°C) önceden ısıtın.
b) Bir kapta taze ahududu, şeker ve mısır nişastasını birleştirin.
c) Milföy hamurunu açın ve kareler halinde kesin.
ç) Her kareye birer kaşık ahududu karışımından koyun.
d) Hamuru üçgen oluşturacak şekilde dolgunun üzerine katlayın ve kenarlarını bir çatalla kapatın.
e) Ciroları çırpılmış yumurta ile fırçalayın.
f) Parşömen kağıdıyla kaplı bir fırın tepsisine yerleştirin ve 20-25 dakika veya altın kahverengi olana kadar pişirin.
g) Servis yapmadan önce hafifçe soğumaya bırakın.

16.Şeftali ve Krema Ciroları

İÇİNDEKİLER:

- 2 şeftali, soyulmuş, çekirdeği çıkarılmış ve doğranmış
- 2 yemek kaşığı şeker
- 4 ons krem peynir, yumuşatılmış
- 1 paket puf böreği, çözülmüş
- 1 yumurta, dövülmüş

TALİMATLAR:

a) Fırını 375°F'ye (190°C) önceden ısıtın.
b) Bir kapta doğranmış şeftalileri ve şekeri birleştirin.
c) Milföy hamurunu açın ve kareler halinde kesin.
ç) Her kareye bir kaşık dolusu yumuşatılmış krem peynir sürün.
d) Krem peynirin üzerine bir kaşık şeftali karışımından koyun.
e) Hamuru üçgen oluşturacak şekilde dolgunun üzerine katlayın ve kenarlarını bir çatalla kapatın.
f) Ciroları çırpılmış yumurta ile fırçalayın.
g) Parşömen kağıdıyla kaplı bir fırın tepsisine yerleştirin ve 20-25 dakika veya altın kahverengi olana kadar pişirin.
ğ) Servis yapmadan önce hafifçe soğumaya bırakın.

KAHVE CİROLARI

17. Kapuçino Ciroları

İÇİNDEKİLER:

- 1 paket milföy hamuru (çözülmüş)
- ¼ fincan hazır kahve granülleri
- ¼ bardak sıcak su
- ¼ su bardağı toz şeker
- 1 bardak ağır krema
- ½ su bardağı damla çikolata
- 1 yumurta (yumurta yıkamak için)
- Pudra şekeri (tozlamak için)

TALİMATLAR:

a) Fırınınızı önceden 375°F'ye (190°C) ısıtın ve fırın tepsisini parşömen kağıdıyla kaplayın.
b) Hazır kahve granüllerini sıcak suda eritin ve soğumaya bırakın.
c) Ayrı bir kapta kremayı ve toz şekeri sert tepecikler oluşana kadar çırpın.
ç) Kahve karışımını çırpılmış kremaya ekleyin ve iyice birleşene kadar karıştırın.
d) Milföy hamurunu açın ve kare veya dikdörtgen şeklinde kesin.
e) Her pasta karesinin yarısına bir kaşık dolusu kahveli krema ve bir tutam çikolata parçacıkları koyun.
f) Hamuru katlayın ve kenarlarını çatalla bastırarak kapatın.
g) Dönerleri çırpılmış yumurta ile yağlayın ve yaklaşık 15-20 dakika veya altın rengi kahverengi olana kadar pişirin.
ğ) Servis yapmadan önce üzerine pudra şekeri serpin.

18.Kahve-Çikolata Ciroları

İÇİNDEKİLER:
- 1/2 fincan güçlü demlenmiş kahve, soğutulmuş
- 1/2 bardak çikolata parçacıkları
- 1/4 su bardağı şeker
- 1 çay kaşığı vanilya özü
- 1 paket puf böreği, çözülmüş
- 1 yumurta, dövülmüş

TALİMATLAR:
a) Fırını 375°F'ye (190°C) önceden ısıtın.
b) Bir kapta soğutulmuş demlenmiş kahveyi, çikolata parçacıklarını, şekeri ve vanilya özünü karıştırın.
c) Milföy hamurunu açın ve kareler halinde kesin.
ç) Her karenin üzerine birer kaşık kahve-çikolata karışımından koyun.
d) Hamuru üçgen oluşturacak şekilde dolgunun üzerine katlayın ve kenarlarını bir çatalla kapatın.
e) Ciroları çırpılmış yumurta ile fırçalayın.
f) Parşömen kağıdıyla kaplı bir fırın tepsisine yerleştirin ve 20-25 dakika veya altın kahverengi olana kadar pişirin.
g) Servis yapmadan önce hafifçe soğumaya bırakın.

19.Kahve-Badem Ciroları

İÇİNDEKİLER:

- 1/2 fincan güçlü demlenmiş kahve, soğutulmuş
- 1/2 bardak badem ezmesi
- 1/4 su bardağı şeker
- 1 çay kaşığı badem özü
- 1 paket puf böreği, çözülmüş
- 1 yumurta, dövülmüş

TALİMATLAR:

a) Fırını 375°F'ye (190°C) önceden ısıtın.
b) Bir kapta soğutulmuş demlenmiş kahveyi, badem ezmesini, şekeri ve badem özünü karıştırın.
c) Milföy hamurunu açın ve kareler halinde kesin.
ç) Her kareye birer kaşık kahve-badem karışımından koyun.
d) Hamuru üçgen oluşturacak şekilde dolgunun üzerine katlayın ve kenarlarını bir çatalla kapatın.
e) Ciroları çırpılmış yumurta ile fırçalayın.
f) Parşömen kağıdıyla kaplı bir fırın tepsisine yerleştirin ve 20-25 dakika veya altın kahverengi olana kadar pişirin.
g) Servis yapmadan önce hafifçe soğumaya bırakın.

20. Kahve-Karamel Ciroları

İÇİNDEKİLER:

- 1/2 fincan güçlü demlenmiş kahve, soğutulmuş
- 1/4 bardak karamel sosu
- 1/4 su bardağı şeker
- 1 çay kaşığı vanilya özü
- 1 paket puf böreği, çözülmüş
- 1 yumurta, dövülmüş

TALİMATLAR:

a) Fırını 375°F'ye (190°C) önceden ısıtın.
b) Bir kapta soğutulmuş demlenmiş kahveyi, karamel sosunu, şekeri ve vanilya özünü karıştırın.
c) Milföy hamurunu açın ve kareler halinde kesin.
ç) Her kareye birer kaşık kahve-karamel karışımından koyun.
d) Hamuru üçgen oluşturacak şekilde dolgunun üzerine katlayın ve kenarlarını bir çatalla kapatın.
e) Ciroları çırpılmış yumurta ile fırçalayın.
f) Parşömen kağıdıyla kaplı bir fırın tepsisine yerleştirin ve 20-25 dakika veya altın kahverengi olana kadar pişirin.
g) Servis yapmadan önce hafifçe soğumaya bırakın.

21. Espresso Krem Peynir Ciroları

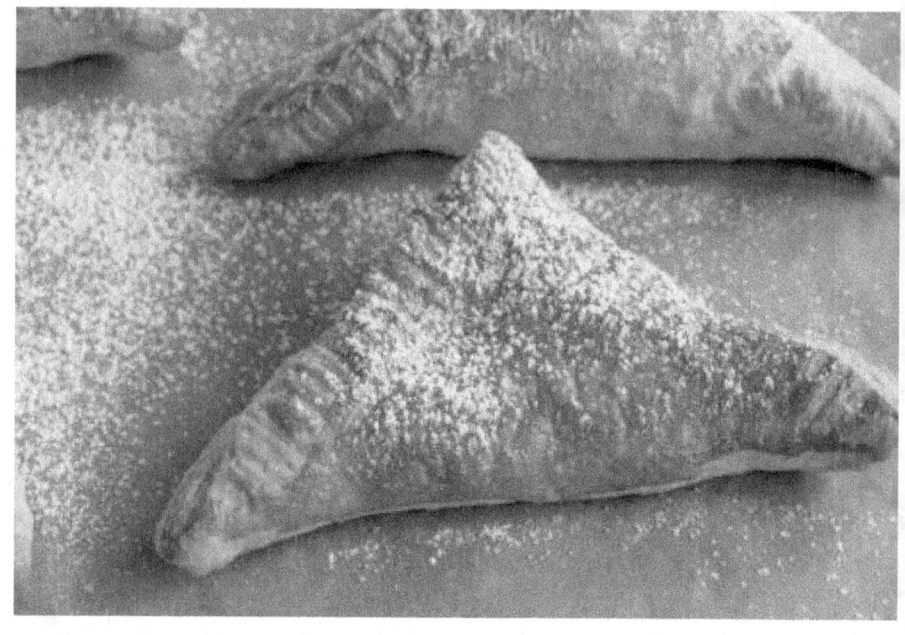

İÇİNDEKİLER:
- 1/4 fincan espresso veya güçlü demlenmiş kahve, soğutulmuş
- 4 ons krem peynir, yumuşatılmış
- 1/4 su bardağı pudra şekeri
- 1 çay kaşığı vanilya özü
- 1 paket puf böreği, çözülmüş
- 1 yumurta, dövülmüş

TALİMATLAR:
a) Fırını 375°F'ye (190°C) önceden ısıtın.
b) Bir kapta soğutulmuş espresso veya kahveyi, yumuşatılmış krem peyniri, pudra şekerini ve vanilya özünü pürüzsüz hale gelinceye kadar karıştırın.
c) Milföy hamurunu açın ve kareler halinde kesin.
ç) Her kareye bir kaşık dolusu espresso krem peynir karışımını yayın.
d) Hamuru üçgen oluşturacak şekilde dolgunun üzerine katlayın ve kenarlarını bir çatalla kapatın.
e) Ciroları çırpılmış yumurta ile fırçalayın.
f) Parşömen kağıdıyla kaplı bir fırın tepsisine yerleştirin ve 20-25 dakika veya altın kahverengi olana kadar pişirin.
g) Servis yapmadan önce hafifçe soğumaya bırakın.

22.Kahve Ceviz Ciroları

İÇİNDEKİLER:
- 1/2 fincan güçlü demlenmiş kahve, soğutulmuş
- 1/2 su bardağı kıyılmış ceviz
- 1/4 su bardağı şeker
- 1 çay kaşığı vanilya özü
- 1 paket puf böreği, çözülmüş
- 1 yumurta, dövülmüş

TALİMATLAR:
a) Fırını 375°F'ye (190°C) önceden ısıtın.
b) Bir kapta soğutulmuş demlenmiş kahveyi, kıyılmış cevizi, şekeri ve vanilya özünü karıştırın.
c) Milföy hamurunu açın ve kareler halinde kesin.
ç) Her kareye birer kaşık kahve-ceviz karışımından koyun.
d) Hamuru üçgen oluşturacak şekilde dolgunun üzerine katlayın ve kenarlarını bir çatalla kapatın.
e) Ciroları çırpılmış yumurta ile fırçalayın.
f) Parşömen kağıdıyla kaplı bir fırın tepsisine yerleştirin ve 20-25 dakika veya altın kahverengi olana kadar pişirin.
g) Servis yapmadan önce hafifçe soğumaya bırakın.

23. Mocha Kreması Ciroları

İÇİNDEKİLER:

- 1/4 fincan güçlü demlenmiş kahve, soğutulmuş
- 4 ons krem peynir, yumuşatılmış
- 2 yemek kaşığı kakao tozu
- 1/4 su bardağı pudra şekeri
- 1 çay kaşığı vanilya özü
- 1 paket puf böreği, çözülmüş
- 1 yumurta, dövülmüş

TALİMATLAR:

a) Fırını 375°F'ye (190°C) önceden ısıtın.
b) Bir kapta, soğutulmuş demlenmiş kahveyi, yumuşatılmış krem peyniri, kakao tozunu, pudra şekerini ve vanilya özünü pürüzsüz hale gelinceye kadar karıştırın.
c) Milföy hamurunu açın ve kareler halinde kesin.
ç) Her kareye bir kaşık mocha kreması karışımından sürün.
d) Hamuru üçgen oluşturacak şekilde dolgunun üzerine katlayın ve kenarlarını bir çatalla kapatın.
e) Ciroları çırpılmış yumurta ile fırçalayın.
f) Parşömen kağıdıyla kaplı bir fırın tepsisine yerleştirin ve 20-25 dakika veya altın kahverengi olana kadar pişirin.
g) Servis yapmadan önce hafifçe soğumaya bırakın.

24.Kahve Fındık Ciroları

İÇİNDEKİLER:
- 1/2 fincan güçlü demlenmiş kahve, soğutulmuş
- 1/2 su bardağı kıyılmış fındık
- 1/4 su bardağı şeker
- 1 çay kaşığı vanilya özü
- 1 paket puf böreği, çözülmüş
- 1 yumurta, dövülmüş

TALİMATLAR:
a) Fırını 375°F'ye (190°C) önceden ısıtın.
b) Bir kapta soğutulmuş demlenmiş kahveyi, doğranmış fındıkları, şekeri ve vanilya özünü karıştırın.
c) Milföy hamurunu açın ve kareler halinde kesin.
ç) Her karenin üzerine birer kaşık kahve-fındık karışımından koyun.
d) Hamuru üçgen oluşturacak şekilde dolgunun üzerine katlayın ve kenarlarını bir çatalla kapatın.
e) Ciroları çırpılmış yumurta ile fırçalayın.
f) Parşömen kağıdıyla kaplı bir fırın tepsisine yerleştirin ve 20-25 dakika veya altın kahverengi olana kadar pişirin.
g) Servis yapmadan önce hafifçe soğumaya bırakın.

25. Kahve Kiraz Ciroları

İÇİNDEKİLER:
- 1/2 fincan güçlü demlenmiş kahve, soğutulmuş
- 1/2 su bardağı doğranmış kurutulmuş kiraz
- 1/4 su bardağı şeker
- 1 çay kaşığı vanilya özü
- 1 paket puf böreği, çözülmüş
- 1 yumurta, dövülmüş

TALİMATLAR:
a) Fırını 375°F'ye (190°C) önceden ısıtın.
b) Bir kapta soğutulmuş demlenmiş kahveyi, doğranmış kurutulmuş kirazları, şekeri ve vanilya özünü karıştırın.
c) Milföy hamurunu açın ve kareler halinde kesin.
ç) Her kareye birer kaşık kahve-kiraz karışımından koyun.
d) Hamuru üçgen oluşturacak şekilde dolgunun üzerine katlayın ve kenarlarını bir çatalla kapatın.
e) Ciroları çırpılmış yumurta ile fırçalayın.
f) Parşömen kağıdıyla kaplı bir fırın tepsisine yerleştirin ve 20-25 dakika veya altın kahverengi olana kadar pişirin.
g) Servis yapmadan önce hafifçe soğumaya bırakın.

KANATLI CİROLARI

26.Körili Tavuk Ciroları

İÇİNDEKİLER:

- 1 su bardağı ince doğranmış pişmiş tavuk
- 1 orta boy elma, soyulmuş ve ince doğranmış
- 1/2 bardak mayonez
- 1/4 su bardağı kıyılmış kaju veya fıstık
- 1 yeşil soğan, ince doğranmış
- 1 ila 2 çay kaşığı köri tozu
- 1/4 çay kaşığı tuz
- 1/4 çay kaşığı biber
- Çift kabuklu pasta için pasta
- 1 büyük yumurta, hafifçe dövülmüş

TALİMATLAR:

a) Fırını önceden 425°'ye ısıtın. İlk 8 malzemeyi küçük bir kapta karıştırın. Hamuru sekiz parçaya bölün.

b) Her parçayı hafifçe unlanmış bir yüzeyde 5 inçlik bir tur halinde yuvarlayın. 1 tarafa yaklaşık çeyrek fincan dolgusu koyun. Hamurun kenarlarını suyla ıslatın. Hamuru dolgunun üzerine katlayın; bir çatal kullanarak kenarları sağlamlaştıracak şekilde zorlayın.

c) Yağlanmış fırın tepsisine dizin. Yumurtayla yağlayın. Her birinin üstüne yarım inçlik yarıklar kesin.

ç) Altın kahverengi olana kadar pişirin, yaklaşık 15 ila 20 dakika.

27.Körili Hindi Ciroları

İÇİNDEKİLER:
- 2 su bardağı pişmiş hindi, doğranmış
- 1 yemek kaşığı köri tozu
- 1/4 bardak doğranmış soğan
- 1/4 bardak doğranmış dolmalık biber
- 1/4 bardak doğranmış kereviz
- 1/4 bardak mayonez
- 1 yemek kaşığı limon suyu
- Tatmak için biber ve tuz
- 1 paket puf böreği, çözülmüş
- 1 yumurta, dövülmüş

TALİMATLAR:
a) Fırını 375°F'ye (190°C) önceden ısıtın.
b) Bir kasede doğranmış hindiyi, köri tozunu, doğranmış soğanı, dolmalık biberi, kerevizi, mayonezi, limon suyunu, tuzu ve karabiberi karıştırın.
c) Milföy hamurunu açın ve kareler halinde kesin.
ç) Her kareye bir kaşık hindi köri karışımından koyun.
d) Hamuru üçgen oluşturacak şekilde dolgunun üzerine katlayın ve kenarlarını bir çatalla kapatın.
e) Ciroları çırpılmış yumurta ile fırçalayın.
f) Parşömen kağıdıyla kaplı bir fırın tepsisine yerleştirin ve 20-25 dakika veya altın kahverengi olana kadar pişirin.
g) Servis yapmadan önce hafifçe soğumaya bırakın.

28. Füme Tavuk Köri Ciroları

İÇİNDEKİLER:

- 2 su bardağı füme tavuk, doğranmış
- 1 yemek kaşığı köri tozu
- 1/4 bardak doğranmış soğan
- 1/4 bardak doğranmış dolmalık biber
- 1/4 bardak doğranmış kereviz
- 1/4 bardak mayonez
- 1 yemek kaşığı limon suyu
- Tatmak için biber ve tuz
- 1 paket puf böreği, çözülmüş
- 1 yumurta, dövülmüş

TALİMATLAR:

a) Fırını 375°F'ye (190°C) önceden ısıtın.
b) Bir kasede doğranmış füme tavuk, köri tozu, doğranmış soğan, dolmalık biber, kereviz, mayonez, limon suyu, tuz ve karabiberi karıştırın.
c) Milföy hamurunu açın ve kareler halinde kesin.
ç) Her kareye bir kaşık füme tavuk köri karışımından koyun.
d) Hamuru üçgen oluşturacak şekilde dolgunun üzerine katlayın ve kenarlarını bir çatalla kapatın.
e) Ciroları çırpılmış yumurta ile fırçalayın.
f) Parşömen kağıdıyla kaplı bir fırın tepsisine yerleştirin ve 20-25 dakika veya altın kahverengi olana kadar pişirin.
g) Servis yapmadan önce hafifçe soğumaya bırakın.

29.Jambonlu ve Peynirli Tavuk Ciroları

İÇİNDEKİLER:
- 2 su bardağı pişmiş tavuk, doğranmış
- 1/2 bardak doğranmış jambon
- 1/2 su bardağı rendelenmiş kaşar peyniri
- 1/4 bardak mayonez
- 1 yemek kaşığı Dijon hardalı
- 1 çay kaşığı kurutulmuş kekik
- Tatmak için biber ve tuz
- 1 paket puf böreği, çözülmüş
- 1 yumurta, dövülmüş

TALİMATLAR:
a) Fırını 375°F'ye (190°C) önceden ısıtın.
b) Bir kapta doğranmış tavuk, doğranmış jambon, rendelenmiş kaşar peyniri, mayonez, Dijon hardalı, kurutulmuş kekik, tuz ve karabiberi karıştırın.
c) Milföy hamurunu açın ve kareler halinde kesin.
ç) Her kareye bir kaşık jambon ve peynirli tavuk karışımından koyun.
d) Hamuru üçgen oluşturacak şekilde dolgunun üzerine katlayın ve kenarlarını bir çatalla kapatın.
e) Ciroları çırpılmış yumurta ile fırçalayın.
f) Parşömen kağıdıyla kaplı bir fırın tepsisine yerleştirin ve 20-25 dakika veya altın kahverengi olana kadar pişirin.
g) Servis yapmadan önce hafifçe soğumaya bırakın.

30.Salsa Tavuk Ciroları

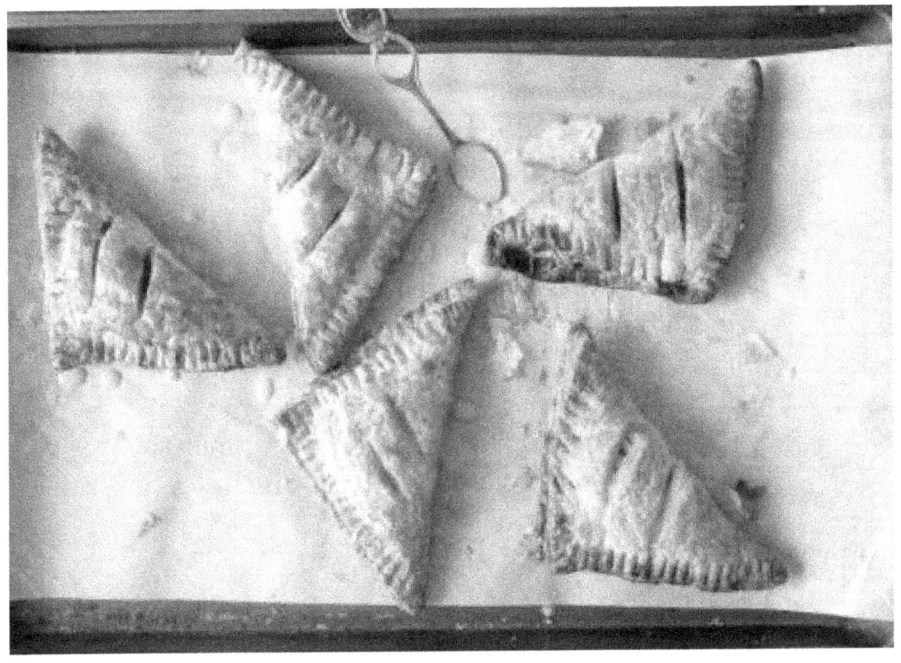

İÇİNDEKİLER:
- 2 su bardağı pişmiş tavuk, doğranmış
- 1/2 bardak salsa
- 1/4 bardak ekşi krema
- 1/4 su bardağı rendelenmiş kaşar peyniri
- 1 paket puf böreği, çözülmüş
- 1 yumurta, dövülmüş

TALİMATLAR:
a) Fırını 375°F'ye (190°C) önceden ısıtın.
b) Bir kasede rendelenmiş tavuk, salsa, ekşi krema ve rendelenmiş kaşar peynirini karıştırın.
c) Milföy hamurunu açın ve kareler halinde kesin.
ç) Her kareye bir kaşık dolusu salsa tavuk karışımını koyun.
d) Hamuru üçgen oluşturacak şekilde dolgunun üzerine katlayın ve kenarlarını bir çatalla kapatın.
e) Ciroları çırpılmış yumurta ile fırçalayın.
f) Parşömen kağıdıyla kaplı bir fırın tepsisine yerleştirin ve 20-25 dakika veya altın kahverengi olana kadar pişirin.
g) Servis yapmadan önce hafifçe soğumaya bırakın.

31.Manda Tavuğu Ciroları

İÇİNDEKİLER:
- 2 su bardağı pişmiş tavuk, doğranmış
- 1/4 bardak bufalo sosu
- 2 yemek kaşığı çiftlik sosu
- 1/4 bardak ufalanmış mavi peynir
- 1 paket puf böreği, çözülmüş
- 1 yumurta, dövülmüş

TALİMATLAR:
a) Fırını 375°F'ye (190°C) önceden ısıtın.
b) Bir kasede kıyılmış tavuk, bufalo sosu, çiftlik sosu ve ufalanmış mavi peyniri karıştırın.
c) Milföy hamurunu açın ve kareler halinde kesin.
ç) Her kareye bir kaşık dolusu buffalo tavuğu karışımından koyun.
d) Hamuru üçgen oluşturacak şekilde dolgunun üzerine katlayın ve kenarlarını bir çatalla kapatın.
e) Ciroları çırpılmış yumurta ile fırçalayın.
f) Parşömen kağıdıyla kaplı bir fırın tepsisine yerleştirin ve 20-25 dakika veya altın kahverengi olana kadar pişirin.
g) Servis yapmadan önce hafifçe soğumaya bırakın.

32.Mantarlı Tavuk Ciroları

İÇİNDEKİLER:
- 2 su bardağı pişmiş tavuk, doğranmış
- 1 su bardağı dilimlenmiş mantar
- 1/4 bardak doğranmış soğan
- 1/4 su bardağı krem peynir
- Tatmak için biber ve tuz
- 1 paket puf böreği, çözülmüş
- 1 yumurta, dövülmüş

TALİMATLAR:
a) Fırını 375°F'ye (190°C) önceden ısıtın.
b) Bir tavada dilimlenmiş mantarları ve doğranmış soğanı yumuşayana kadar soteleyin.
c) Bir kasede kıyılmış tavuk, sotelenmiş mantar ve soğanı, krem peyniri, tuzu ve karabiberi karıştırın.
ç) Milföy hamurunu açın ve kareler halinde kesin.
d) Her kareye birer kaşık mantarlı tavuk karışımından koyun.
e) Hamuru üçgen oluşturacak şekilde dolgunun üzerine katlayın ve kenarlarını bir çatalla kapatın.
f) Ciroları çırpılmış yumurta ile fırçalayın.
g) Parşömen kağıdıyla kaplı bir fırın tepsisine yerleştirin ve 20-25 dakika veya altın kahverengi olana kadar pişirin.
ğ) Servis yapmadan önce hafifçe soğumaya bırakın.

33.Ispanaklı ve Beyaz Tavuk Ciroları

İÇİNDEKİLER:

- 2 su bardağı pişmiş tavuk, doğranmış
- 1 su bardağı doğranmış ıspanak, pişirilmiş ve süzülmüş
- 1/4 su bardağı ufalanmış beyaz peynir
- 1/4 bardak doğranmış güneşte kurutulmuş domates
- Tatmak için biber ve tuz
- 1 paket puf böreği, çözülmüş
- 1 yumurta, dövülmüş

TALİMATLAR:

a) Fırını 375°F'ye (190°C) önceden ısıtın.
b) Bir kasede kıyılmış tavuk, doğranmış ıspanak, ufalanmış beyaz peynir, doğranmış güneşte kurutulmuş domates, tuz ve karabiberi karıştırın.
c) Milföy hamurunu açın ve kareler halinde kesin.
ç) Her kareye birer kaşık ıspanak ve beyaz tavuk karışımından koyun.
d) Hamuru üçgen oluşturacak şekilde dolgunun üzerine katlayın ve kenarlarını bir çatalla kapatın.
e) Ciroları çırpılmış yumurta ile fırçalayın.
f) Parşömen kağıdıyla kaplı bir fırın tepsisine yerleştirin ve 20-25 dakika veya altın kahverengi olana kadar pişirin.
g) Servis yapmadan önce hafifçe soğumaya bırakın.

34. Barbekü Tavuk Ciroları

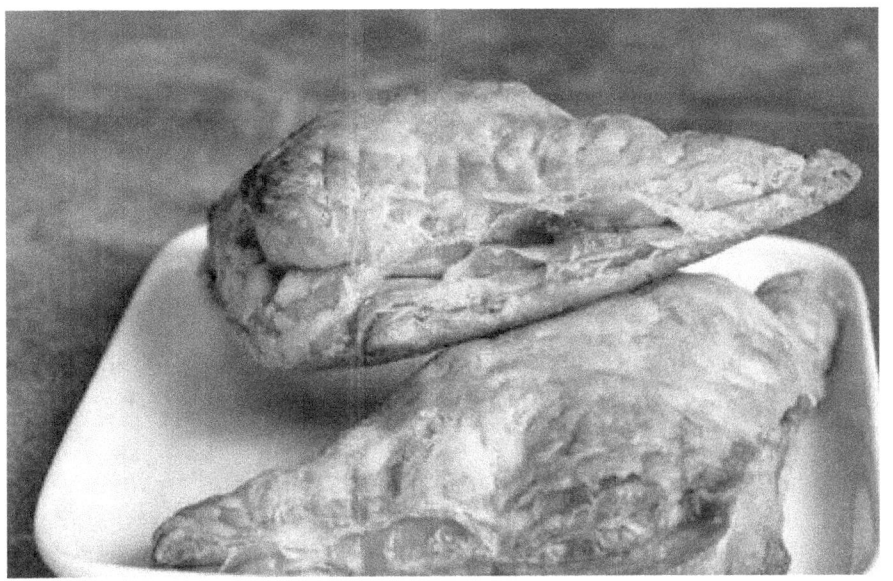

İÇİNDEKİLER:

- 2 su bardağı pişmiş tavuk, doğranmış
- 1/2 su bardağı barbekü sosu
- 1/4 bardak doğranmış kırmızı soğan
- 1/4 su bardağı rendelenmiş mozzarella peyniri
- Tatmak için biber ve tuz
- 1 paket puf böreği, çözülmüş
- 1 yumurta, dövülmüş

TALİMATLAR:

a) Fırını 375°F'ye (190°C) önceden ısıtın.
b) Bir kasede rendelenmiş tavuk, barbekü sosu, doğranmış kırmızı soğan, rendelenmiş mozzarella peyniri, tuz ve karabiberi karıştırın.
c) Milföy hamurunu açın ve kareler halinde kesin.
ç) Her kareye birer kaşık barbekü tavuk karışımından koyun.
d) Hamuru üçgen oluşturacak şekilde dolgunun üzerine katlayın ve kenarlarını bir çatalla kapatın.
e) Ciroları çırpılmış yumurta ile fırçalayın.
f) Parşömen kağıdıyla kaplı bir fırın tepsisine yerleştirin ve 20-25 dakika veya altın kahverengi olana kadar pişirin.
g) Servis yapmadan önce hafifçe soğumaya bırakın.

35.Caprese Tavuk Ciroları

İÇİNDEKİLER:

- 2 su bardağı pişmiş tavuk, doğranmış
- 1 su bardağı doğranmış domates
- 1/4 su bardağı doğranmış taze fesleğen
- 1/4 su bardağı rendelenmiş mozzarella peyniri
- Tatmak için biber ve tuz
- 1 paket puf böreği, çözülmüş
- 1 yumurta, dövülmüş

TALİMATLAR:

a) Fırını 375°F'ye (190°C) önceden ısıtın.
b) Bir kasede rendelenmiş tavuk, doğranmış domates, doğranmış taze fesleğen, rendelenmiş mozzarella peyniri, tuz ve karabiberi karıştırın.
c) Milföy hamurunu açın ve kareler halinde kesin.
ç) Her karenin üzerine birer kaşık Caprese tavuk karışımından koyun.
d) Hamuru üçgen oluşturacak şekilde dolgunun üzerine katlayın ve kenarlarını bir çatalla kapatın.
e) Ciroları çırpılmış yumurta ile fırçalayın.
f) Parşömen kağıdıyla kaplı bir fırın tepsisine yerleştirin ve 20-25 dakika veya altın kahverengi olana kadar pişirin.
g) Servis yapmadan önce hafifçe soğumaya bırakın.

36.Yunan Tavuk Ciroları

İÇİNDEKİLER:

- 2 su bardağı pişmiş tavuk, doğranmış
- 1/2 bardak doğranmış salatalık
- 1/4 bardak doğranmış kırmızı soğan
- 1/4 su bardağı ufalanmış beyaz peynir
- 1 yemek kaşığı doğranmış taze dereotu
- Tatmak için biber ve tuz
- 1 paket puf böreği, çözülmüş
- 1 yumurta, dövülmüş

TALİMATLAR:

a) Fırını 375°F'ye (190°C) önceden ısıtın.
b) Bir kapta kıyılmış tavuk, doğranmış salatalık, doğranmış kırmızı soğan, ufalanmış beyaz peynir, doğranmış taze dereotu, tuz ve karabiberi karıştırın.
c) Milföy hamurunu açın ve kareler halinde kesin.
ç) Her kareye bir kaşık dolusu Yunan tavuk karışımını koyun.
d) Hamuru üçgen oluşturacak şekilde dolgunun üzerine katlayın ve kenarlarını bir çatalla kapatın.
e) Ciroları çırpılmış yumurta ile fırçalayın.
f) Parşömen kağıdıyla kaplı bir fırın tepsisine yerleştirin ve 20-25 dakika veya altın kahverengi olana kadar pişirin.
g) Servis yapmadan önce hafifçe soğumaya bırakın.

37.Pesto Tavuk Ciroları

İÇİNDEKİLER:

- 2 su bardağı pişmiş tavuk, doğranmış
- 1/4 bardak pesto sosu
- 1/4 bardak doğranmış güneşte kurutulmuş domates
- 1/4 su bardağı rendelenmiş Parmesan peyniri
- Tatmak için biber ve tuz
- 1 paket puf böreği, çözülmüş
- 1 yumurta, dövülmüş

TALİMATLAR:

a) Fırını 375°F'ye (190°C) önceden ısıtın.
b) Bir kasede rendelenmiş tavuk, pesto sos, doğranmış güneşte kurutulmuş domates, rendelenmiş Parmesan peyniri, tuz ve karabiberi karıştırın.
c) Milföy hamurunu açın ve kareler halinde kesin.
ç) Her kareye bir kaşık pestolu tavuk karışımından koyun.
d) Hamuru üçgen oluşturacak şekilde dolgunun üzerine katlayın ve kenarlarını bir çatalla kapatın.
e) Ciroları çırpılmış yumurta ile fırçalayın.
f) Parşömen kağıdıyla kaplı bir fırın tepsisine yerleştirin ve 20-25 dakika veya altın kahverengi olana kadar pişirin.
g) Servis yapmadan önce hafifçe soğumaya bırakın.

38.Cajun Tavuk Ciroları

İÇİNDEKİLER:

- 2 su bardağı pişmiş tavuk, doğranmış
- 1/4 bardak doğranmış dolmalık biber
- 1/4 bardak doğranmış soğan
- 1/4 bardak doğranmış kereviz
- 1 yemek kaşığı Cajun baharatı
- 1/4 bardak mayonez
- Tatmak için biber ve tuz
- 1 paket puf böreği, çözülmüş
- 1 yumurta, dövülmüş

TALİMATLAR:

a) Fırını 375°F'ye (190°C) önceden ısıtın.
b) Bir kasede kıyılmış tavuk, doğranmış dolmalık biber, doğranmış soğan, doğranmış kereviz, Cajun baharatı, mayonez, tuz ve karabiberi karıştırın.
c) Milföy hamurunu açın ve kareler halinde kesin.
ç) Her kareye bir kaşık Cajun tavuk karışımından koyun.
d) Hamuru üçgen oluşturacak şekilde dolgunun üzerine katlayın ve kenarlarını bir çatalla kapatın.
e) Ciroları çırpılmış yumurta ile fırçalayın.
f) Parşömen kağıdıyla kaplı bir fırın tepsisine yerleştirin ve 20-25 dakika veya altın kahverengi olana kadar pişirin.
g) Servis yapmadan önce hafifçe soğumaya bırakın.

39.Floransalı Tavuk Ciroları

İÇİNDEKİLER:

- 2 su bardağı pişmiş tavuk, doğranmış
- 1 su bardağı doğranmış ıspanak, pişirilmiş ve süzülmüş
- 1/4 bardak ricotta peyniri
- 1/4 su bardağı rendelenmiş mozzarella peyniri
- 1/4 su bardağı rendelenmiş parmesan peyniri
- Tatmak için biber ve tuz
- 1 paket puf böreği, çözülmüş
- 1 yumurta, dövülmüş

TALİMATLAR:

a) Fırını 375°F'ye (190°C) önceden ısıtın.
b) Bir kasede rendelenmiş tavuk, doğranmış ıspanak, ricotta peyniri, rendelenmiş mozzarella peyniri, rendelenmiş Parmesan peyniri, tuz ve karabiberi karıştırın.
c) Milföy hamurunu açın ve kareler halinde kesin.
ç) Her kareye bir kaşık dolusu tavuklu Florentine karışımını koyun.
d) Hamuru üçgen oluşturacak şekilde dolgunun üzerine katlayın ve kenarlarını bir çatalla kapatın.
e) Ciroları çırpılmış yumurta ile fırçalayın.
f) Parşömen kağıdıyla kaplı bir fırın tepsisine yerleştirin ve 20-25 dakika veya altın kahverengi olana kadar pişirin.
g) Servis yapmadan önce hafifçe soğumaya bırakın.

40. Tavuk Pesto ve Güneşte Kurutulmuş Domates Ciroları

İÇİNDEKİLER:

- 2 su bardağı pişmiş tavuk, doğranmış
- 1/4 bardak pesto sosu
- 1/4 bardak doğranmış güneşte kurutulmuş domates
- 1/4 su bardağı rendelenmiş mozzarella peyniri
- Tatmak için biber ve tuz
- 1 paket puf böreği, çözülmüş
- 1 yumurta, dövülmüş

TALİMATLAR:

a) Fırını 375°F'ye (190°C) önceden ısıtın.
b) Bir kasede rendelenmiş tavuk, pesto sos, doğranmış güneşte kurutulmuş domates, rendelenmiş mozzarella peyniri, tuz ve karabiberi karıştırın.
c) Milföy hamurunu açın ve kareler halinde kesin.
ç) Her kareye birer kaşık tavuk pesto karışımından koyun.
d) Hamuru üçgen oluşturacak şekilde dolgunun üzerine katlayın ve kenarlarını bir çatalla kapatın.
e) Ciroları çırpılmış yumurta ile fırçalayın.
f) Parşömen kağıdıyla kaplı bir fırın tepsisine yerleştirin ve 20-25 dakika veya altın kahverengi olana kadar pişirin.
g) Servis yapmadan önce hafifçe soğumaya bırakın.

41. Sarımsaklı Krema Soslu Tavuk ve Mantar Cipsleri

İÇİNDEKİLER:
- 2 su bardağı pişmiş tavuk, doğranmış
- 1 su bardağı dilimlenmiş mantar
- 2 diş sarımsak, kıyılmış
- 1/4 bardak ağır krema
- Tatmak için biber ve tuz
- 1 paket puf böreği, çözülmüş
- 1 yumurta, dövülmüş

TALİMATLAR:
a) Fırını 375°F'ye (190°C) önceden ısıtın.
b) Bir tavada dilimlenmiş mantarları ve kıyılmış sarımsağı, mantarlar altın rengi kahverengi ve yumuşak oluncaya kadar soteleyin.
c) Kıyılmış tavukları tavaya ekleyin ve iyice ısınana kadar soteleyin. Ağır kremayı karıştırın ve hafifçe koyulaşana kadar pişirin. Tatmak için tuz ve karabiber ekleyin.
ç) Milföy hamurunu açın ve kareler halinde kesin.
d) Her kareye birer kaşık tavuk ve mantar karışımından koyun.
e) Hamuru üçgen oluşturacak şekilde dolgunun üzerine katlayın ve kenarlarını bir çatalla kapatın.
f) Ciroları çırpılmış yumurta ile fırçalayın.
g) Parşömen kağıdıyla kaplı bir fırın tepsisine yerleştirin ve 20-25 dakika veya altın kahverengi olana kadar pişirin.
ğ) Servis yapmadan önce hafifçe soğumaya bırakın.

DANA VE KUZU CİROLARI

42.Çizburger Ciroları

İÇİNDEKİLER:
- 1 lb kıyma
- 1/2 bardak doğranmış soğan
- 1/2 bardak doğranmış domates
- 1/2 su bardağı rendelenmiş kaşar peyniri
- 2 yemek kaşığı ketçap
- 1 yemek kaşığı hardal
- Tatmak için biber ve tuz
- 1 paket puf böreği, çözülmüş
- 1 yumurta, dövülmüş

TALİMATLAR:
a) Fırını 375°F'ye (190°C) önceden ısıtın.
b) Bir tavada kıymayı ve doğranmış soğanı, dana eti kızarana ve soğan yumuşayana kadar pişirin. Fazla yağı boşaltın.
c) Küp küp doğranmış domatesi, rendelenmiş kaşar peynirini, ketçapı, hardalı, tuzu ve karabiberi ekleyip karıştırın.
ç) Milföy hamurunu açın ve kareler halinde kesin.
d) Her kareye birer kaşık cheeseburger karışımından koyun.
e) Hamuru üçgen oluşturacak şekilde dolgunun üzerine katlayın ve kenarlarını bir çatalla kapatın.
f) Ciroları çırpılmış yumurta ile fırçalayın.
g) Parşömen kağıdıyla kaplı bir fırın tepsisine yerleştirin ve 20-25 dakika veya altın kahverengi olana kadar pişirin.
ğ) Servis yapmadan önce hafifçe soğumaya bırakın.

43. Pul pul Sığır Ciroları

İÇİNDEKİLER:
- 1 lb sığır filetosu, ince dilimlenmiş
- 1/2 bardak doğranmış soğan
- 1/2 bardak doğranmış dolmalık biber
- 1/2 bardak doğranmış mantar
- 2 diş sarımsak, kıyılmış
- Tatmak için biber ve tuz
- 1 paket puf böreği, çözülmüş
- 1 yumurta, dövülmüş

TALİMATLAR:
a) Fırını 375°F'ye (190°C) önceden ısıtın.
b) Bir tavada dana bonfileyi, doğranmış soğanı, doğranmış dolmalık biberi, doğranmış mantarları ve kıyılmış sarımsağı, dana eti iyice pişene ve sebzeler yumuşayana kadar soteleyin. Tuz ve karabiberle tatlandırın.
c) Milföy hamurunu açın ve kareler halinde kesin.
ç) Her kareye birer kaşık et karışımından koyun.
d) Hamuru üçgen oluşturacak şekilde dolgunun üzerine katlayın ve kenarlarını bir çatalla kapatın.
e) Ciroları çırpılmış yumurta ile fırçalayın.
f) Parşömen kağıdıyla kaplı bir fırın tepsisine yerleştirin ve 20-25 dakika veya altın kahverengi olana kadar pişirin.
g) Servis yapmadan önce hafifçe soğumaya bırakın.

44.Kıyma Ciroları

İÇİNDEKİLER:

- 1 lb kıyma
- 1/2 bardak doğranmış soğan
- 1/2 bardak doğranmış havuç
- 1/2 bardak doğranmış patates
- 1/2 su bardağı dondurulmuş bezelye
- 1 yemek kaşığı Worcestershire sosu
- Tatmak için biber ve tuz
- 1 paket puf böreği, çözülmüş
- 1 yumurta, dövülmüş

TALİMATLAR:

a) Fırını 375°F'ye (190°C) önceden ısıtın.
b) Bir tavada kıymayı ve doğranmış soğanı, dana eti kızarana ve soğan yumuşayana kadar pişirin. Fazla yağı boşaltın.
c) Doğranmış havuçları, doğranmış patatesleri, dondurulmuş bezelyeyi, Worcestershire sosunu, tuzu ve karabiberi karıştırın. Sebzeler yumuşayana kadar pişirin.
ç) Milföy hamurunu açın ve kareler halinde kesin.
d) Her karenin üzerine birer kaşık kıyma karışımından koyun.
e) Hamuru üçgen oluşturacak şekilde dolgunun üzerine katlayın ve kenarlarını bir çatalla kapatın.
f) Ciroları çırpılmış yumurta ile fırçalayın.
g) Parşömen kağıdıyla kaplı bir fırın tepsisine yerleştirin ve 20-25 dakika veya altın kahverengi olana kadar pişirin.
ğ) Servis yapmadan önce hafifçe soğumaya bırakın.

45.İtalyan Et Ciroları

İÇİNDEKİLER:
- 1/2 lb. kıyma
- 1/2 lb İtalyan sosisi
- 1/2 bardak marinara sosu
- 1/4 su bardağı rendelenmiş parmesan peyniri
- 1/4 su bardağı doğranmış taze fesleğen
- Tatmak için biber ve tuz
- 1 paket puf böreği, çözülmüş
- 1 yumurta, dövülmüş

TALİMATLAR:
a) Fırını 375°F'ye (190°C) önceden ısıtın.
b) Bir tavada kıymayı ve İtalyan sosisini kızarana ve iyice pişene kadar pişirin. Fazla yağı boşaltın.
c) Marinara sosunu, rendelenmiş Parmesan peynirini, doğranmış taze fesleğen, tuz ve karabiberi ekleyip karıştırın.
ç) Milföy hamurunu açın ve kareler halinde kesin.
d) Her kareye bir kaşık dolusu İtalyan et karışımı koyun.
e) Hamuru üçgen oluşturacak şekilde dolgunun üzerine katlayın ve kenarlarını bir çatalla kapatın.
f) Ciroları çırpılmış yumurta ile fırçalayın.
g) Parşömen kağıdıyla kaplı bir fırın tepsisine yerleştirin ve 20-25 dakika veya altın kahverengi olana kadar pişirin.
ğ) Servis yapmadan önce hafifçe soğumaya bırakın.

46.Ruben Ciroları

İÇİNDEKİLER:
- 1/2 lb konserve sığır eti, ince dilimlenmiş
- 1 bardak lahana turşusu, süzülmüş
- 1/2 bardak rendelenmiş İsviçre peyniri
- 1/4 bardak Bin Ada sosu
- 1 paket puf böreği, çözülmüş
- 1 yumurta, dövülmüş

TALİMATLAR:
a) Fırını 375°F'ye (190°C) önceden ısıtın.
b) Milföy hamurunu açın ve kareler halinde kesin.
c) Her kareye bir dilim konserve sığır eti, ardından bir kaşık lahana turşusu, rendelenmiş İsviçre peyniri ve Thousand Island sosu koyun.
ç) Hamuru üçgen oluşturacak şekilde dolgunun üzerine katlayın ve kenarlarını bir çatalla kapatın.
d) Ciroları çırpılmış yumurta ile fırçalayın.
e) Parşömen kağıdıyla kaplı bir fırın tepsisine yerleştirin ve 20-25 dakika veya altın kahverengi olana kadar pişirin.
f) Servis yapmadan önce hafifçe soğumaya bırakın.

47.Sosis ve Patates Mini Ciroları

İÇİNDEKİLER:
- 1/2 lb öğütülmüş sosis
- 1 su bardağı doğranmış patates, pişmiş
- 1/4 bardak doğranmış soğan
- 1/4 su bardağı rendelenmiş kaşar peyniri
- Tatmak için biber ve tuz
- 1 paket puf böreği, çözülmüş
- 1 yumurta, dövülmüş

TALİMATLAR:
a) Fırını 375°F'ye (190°C) önceden ısıtın.
b) Bir tavada, sosis kızarana ve soğan yumuşayana kadar kıyma sosisini ve doğranmış soğanı pişirin. Fazla yağı boşaltın.
c) Küp küp doğranmış patatesleri, rendelenmiş kaşar peynirini, tuzu ve karabiberi ekleyip karıştırın.
ç) Milföy hamurunu açın ve kareler halinde kesin.
d) Her kareye birer kaşık sosis ve patates karışımından koyun.
e) Hamuru üçgen oluşturacak şekilde dolgunun üzerine katlayın ve kenarlarını bir çatalla kapatın.
f) Ciroları çırpılmış yumurta ile fırçalayın.
g) Parşömen kağıdıyla kaplı bir fırın tepsisine yerleştirin ve 20-25 dakika veya altın kahverengi olana kadar pişirin.
ğ) Servis yapmadan önce hafifçe soğumaya bırakın.

48.Sosis ve Mantar Ciroları

İÇİNDEKİLER:

- 1/2 lb öğütülmüş sosis
- 1 su bardağı dilimlenmiş mantar
- 1/4 bardak doğranmış soğan
- 1/4 su bardağı rendelenmiş mozzarella peyniri
- Tatmak için biber ve tuz
- 1 paket puf böreği, çözülmüş
- 1 yumurta, dövülmüş

TALİMATLAR:

a) Fırını 375°F'ye (190°C) önceden ısıtın.
b) Bir tavada sosisleri, dilimlenmiş mantarları ve doğranmış soğanı sosis kızarana ve mantarlar yumuşayana kadar pişirin. Fazla yağı boşaltın.
c) Rendelenmiş mozarella peyniri, tuz ve karabiberi ekleyip karıştırın.
ç) Milföy hamurunu açın ve kareler halinde kesin.
d) Her kareye birer kaşık sosis ve mantar karışımından koyun.
e) Hamuru üçgen oluşturacak şekilde dolgunun üzerine katlayın ve kenarlarını bir çatalla kapatın.
f) Ciroları çırpılmış yumurta ile fırçalayın.
g) Parşömen kağıdıyla kaplı bir fırın tepsisine yerleştirin ve 20-25 dakika veya altın kahverengi olana kadar pişirin.
ğ) Servis yapmadan önce hafifçe soğumaya bırakın.

49. Füme Jambon ve Keçi Peyniri Ciroları

İÇİNDEKİLER:
- 1/2 lb füme jambon, ince dilimlenmiş
- 1/2 su bardağı ufalanmış keçi peyniri
- 1/4 bardak doğranmış taze maydanoz
- Tatmak için biber ve tuz
- 1 paket puf böreği, çözülmüş
- 1 yumurta, dövülmüş

TALİMATLAR:
a) Fırını 375°F'ye (190°C) önceden ısıtın.
b) Milföy hamurunu açın ve kareler halinde kesin.
c) Her kareye bir dilim füme jambon, ardından bir kaşık dolusu ufalanmış keçi peyniri, doğranmış taze maydanoz, tuz ve karabiber koyun.
ç) Hamuru üçgen oluşturacak şekilde dolgunun üzerine katlayın ve kenarlarını bir çatalla kapatın.
d) Ciroları çırpılmış yumurta ile fırçalayın.
e) Parşömen kağıdıyla kaplı bir fırın tepsisine yerleştirin ve 20-25 dakika veya altın kahverengi olana kadar pişirin.
f) Servis yapmadan önce hafifçe soğumaya bırakın.

50.Moğol Sığır Ciroları

İÇİNDEKİLER:
- 1 lb yan biftek, ince dilimlenmiş
- 1/4 bardak soya sosu
- 2 yemek kaşığı kuru üzüm sosu
- 2 yemek kaşığı esmer şeker
- 2 diş sarımsak, kıyılmış
- 1 yemek kaşığı rendelenmiş zencefil
- 2 yeşil soğan, doğranmış
- Tatmak için biber ve tuz
- 1 paket puf böreği, çözülmüş
- 1 yumurta, dövülmüş

TALİMATLAR:
a) Fırını 375°F'ye (190°C) önceden ısıtın.
b) Bir kapta soya sosu, kuru üzüm sosu, esmer şeker, kıyılmış sarımsak, rendelenmiş zencefil, doğranmış yeşil soğan, tuz ve karabiberi karıştırın.
c) İnce dilimlenmiş göğüs bifteğini kaseye ekleyin ve 30 dakika marine edin.
ç) Bir tavada marine edilmiş dana etini rengi dönene kadar pişirin.
d) Milföy hamurunu açın ve kareler halinde kesin.
e) Her kareye bir kaşık dolusu pişmiş Moğol bifteği koyun.
f) Hamuru üçgen oluşturacak şekilde dolgunun üzerine katlayın ve kenarlarını bir çatalla kapatın.
g) Ciroları çırpılmış yumurta ile fırçalayın.
ğ) Parşömen kağıdıyla kaplı bir fırın tepsisine yerleştirin ve 20-25 dakika veya altın kahverengi olana kadar pişirin.
h) Servis yapmadan önce hafifçe soğumaya bırakın.

51.Kuzu ve Beyaz Peynir Ciroları

İÇİNDEKİLER:

- 1 lb. öğütülmüş kuzu
- 1/2 bardak doğranmış soğan
- 1/2 bardak doğranmış domates
- 1/4 su bardağı ufalanmış beyaz peynir
- 2 yemek kaşığı doğranmış taze nane
- Tatmak için biber ve tuz
- 1 paket puf böreği, çözülmüş
- 1 yumurta, dövülmüş

TALİMATLAR:

a) Fırını 375°F'ye (190°C) önceden ısıtın.
b) Bir tavada, kuzu eti ve doğranmış soğanı, kuzu eti kızarana ve soğan yumuşayana kadar pişirin. Fazla yağı boşaltın.
c) Küp küp doğranmış domatesi, ufalanmış beyaz peyniri, doğranmış taze naneyi, tuzu ve karabiberi ekleyip karıştırın.
ç) Milföy hamurunu açın ve kareler halinde kesin.
d) Her kareye birer kaşık kuzu eti ve beyaz peynir karışımından koyun.
e) Hamuru üçgen oluşturacak şekilde dolgunun üzerine katlayın ve kenarlarını bir çatalla kapatın.
f) Ciroları çırpılmış yumurta ile fırçalayın.
g) Parşömen kağıdıyla kaplı bir fırın tepsisine yerleştirin ve 20-25 dakika veya altın kahverengi olana kadar pişirin.
ğ) Servis yapmadan önce hafifçe soğumaya bırakın.

52. Sığır ve Brokoli Ciroları

İÇİNDEKİLER:
- 1 lb sığır filetosu, ince dilimlenmiş
- 2 bardak brokoli çiçeği, beyazlatılmış
- 1/4 bardak soya sosu
- 2 diş sarımsak, kıyılmış
- 1 yemek kaşığı rendelenmiş zencefil
- 2 yeşil soğan, doğranmış
- Tatmak için biber ve tuz
- 1 paket puf böreği, çözülmüş
- 1 yumurta, dövülmüş

TALİMATLAR:
a) Fırını 375°F'ye (190°C) önceden ısıtın.
b) Bir kapta soya sosu, kıyılmış sarımsak, rendelenmiş zencefil, doğranmış yeşil soğan, tuz ve karabiberi karıştırın.
c) İnce dilimlenmiş dana bonfileyi kaseye ekleyin ve 30 dakika marine edin.
ç) Bir tavada marine edilmiş dana etini rengi dönene kadar pişirin.
d) Milföy hamurunu açın ve kareler halinde kesin.
e) Her kareye birkaç beyazlatılmış brokoli çiçeği ve bir kaşık dolusu pişmiş sığır eti koyun.
f) Hamuru üçgen oluşturacak şekilde dolgunun üzerine katlayın ve kenarlarını bir çatalla kapatın.
g) Ciroları çırpılmış yumurta ile fırçalayın.
ğ) Parşömen kağıdıyla kaplı bir fırın tepsisine yerleştirin ve 20-25 dakika veya altın kahverengi olana kadar pişirin.
h) Servis yapmadan önce hafifçe soğumaya bırakın.

53. Baharatlı Kuzu Ciroları

İÇİNDEKİLER:
- 1 lb. öğütülmüş kuzu
- 1/2 bardak doğranmış soğan
- 1/4 bardak doğranmış dolmalık biber
- 2 yemek kaşığı domates salçası
- 1 yemek kaşığı harissa ezmesi
- 1 çay kaşığı öğütülmüş kimyon
- 1 çay kaşığı öğütülmüş kişniş
- Tatmak için biber ve tuz
- 1 paket puf böreği, çözülmüş
- 1 yumurta, dövülmüş

TALİMATLAR:
a) Fırını 375°F'ye (190°C) önceden ısıtın.
b) Bir tavada, kuzu eti, doğranmış soğan ve doğranmış dolmalık biberi, kuzu eti kızarana ve sebzeler yumuşayana kadar pişirin. Fazla yağı boşaltın.
c) Domates salçası, harissa salçası, öğütülmüş kimyon, öğütülmüş kişniş, tuz ve karabiberi karıştırın.
ç) Milföy hamurunu açın ve kareler halinde kesin.
d) Her kareye birer kaşık baharatlı kuzu karışımından koyun.
e) Hamuru üçgen oluşturacak şekilde dolgunun üzerine katlayın ve kenarlarını bir çatalla kapatın.
f) Ciroları çırpılmış yumurta ile fırçalayın.
g) Parşömen kağıdıyla kaplı bir fırın tepsisine yerleştirin ve 20-25 dakika veya altın kahverengi olana kadar pişirin.
ğ) Servis yapmadan önce hafifçe soğumaya bırakın.

BALIK VE DENİZ ÜRÜNLERİ CİROLARI

54.Kerevit Ciroları

İÇİNDEKİLER:
- 1 lb pişmiş kerevit kuyrukları, soyulmuş
- 1/2 bardak doğranmış dolmalık biber
- 1/2 bardak doğranmış soğan
- 2 diş sarımsak, kıyılmış
- 1/4 su bardağı kıyılmış maydanoz
- 1/4 bardak ağır krema
- Tatmak için biber ve tuz
- 1 paket puf böreği, çözülmüş
- 1 yumurta, dövülmüş

TALİMATLAR:
a) Fırını 375°F'ye (190°C) önceden ısıtın.
b) Bir tavada küp küp doğranmış biberi, doğranmış soğanı ve kıyılmış sarımsağı yumuşayana kadar soteleyin.
c) Pişmiş kerevit kuyruklarını tavaya ekleyin ve 2-3 dakika daha pişirin.
ç) Kıyılmış maydanozu, kremayı, tuzu ve karabiberi ekleyip karıştırın. Karışım hafifçe kalınlaşana kadar 2 dakika daha pişirin.
d) Milföy hamurunu açın ve kareler halinde kesin.
e) Her kareye bir kaşık kerevit karışımından koyun.
f) Hamuru üçgen oluşturacak şekilde dolgunun üzerine katlayın ve kenarlarını bir çatalla kapatın.
g) Ciroları çırpılmış yumurta ile fırçalayın.
ğ) Parşömen kağıdıyla kaplı bir fırın tepsisine yerleştirin ve 20-25 dakika veya altın kahverengi olana kadar pişirin.
h) Servis yapmadan önce hafifçe soğumaya bırakın.

55. Tarak ve Pastırma Ciroları

İÇİNDEKİLER:

- 1 lb deniz tarağı, doğranmış
- 6 dilim pastırma, pişmiş ve ufalanmış
- 1/4 bardak doğranmış soğan
- 1/4 bardak doğranmış dolmalık biber
- 1/4 su bardağı rendelenmiş Gruyere peyniri
- Tatmak için biber ve tuz
- 1 paket puf böreği, çözülmüş
- 1 yumurta, dövülmüş

TALİMATLAR:

a) Fırını 375°F'ye (190°C) önceden ısıtın.
b) Bir tavada doğranmış deniz tarağını, ufalanmış pişmiş pastırmayı, doğranmış soğanı ve doğranmış dolmalık biberi, taraklar pişene ve sebzeler yumuşayana kadar soteleyin. Tuz ve karabiberle tatlandırın.
c) Rendelenmiş Gruyere peynirini eriyene kadar karıştırın.
ç) Milföy hamurunu açın ve kareler halinde kesin.
d) Her kareye bir kaşık dolusu deniz tarağı ve domuz pastırması karışımı koyun.
e) Hamuru üçgen oluşturacak şekilde dolgunun üzerine katlayın ve kenarlarını bir çatalla kapatın.
f) Ciroları çırpılmış yumurta ile fırçalayın.
g) Parşömen kağıdıyla kaplı bir fırın tepsisine yerleştirin ve 20-25 dakika veya altın kahverengi olana kadar pişirin.
ğ) Servis yapmadan önce hafifçe soğumaya bırakın.

56.Karides Scampi Ciroları

İÇİNDEKİLER:

- 1 lb pişmiş karides, soyulmuş ve ayrılmış
- 1/4 bardak doğranmış soğan
- 2 diş sarımsak, kıyılmış
- 2 yemek kaşığı tereyağı
- 1/4 bardak beyaz şarap
- 2 yemek kaşığı limon suyu
- 1 yemek kaşığı kıyılmış maydanoz
- Tatmak için biber ve tuz
- 1 paket puf böreği, çözülmüş
- 1 yumurta, dövülmüş

TALİMATLAR:

a) Fırını 375°F'ye (190°C) önceden ısıtın.
b) Bir tavada tereyağını eritip yemeklik doğranmış soğanı ve kıyılmış sarımsağı yumuşayana kadar kavurun.
c) Pişmiş karidesleri tavaya ekleyin ve 2-3 dakika pişirin.
ç) Beyaz şarap, limon suyu, kıyılmış maydanoz, tuz ve karabiberi karıştırın. Sos biraz azalıncaya kadar pişirin.
d) Milföy hamurunu açın ve kareler halinde kesin.
e) Her kareye bir kaşık karidesli karides karışımından koyun.
f) Hamuru üçgen oluşturacak şekilde dolgunun üzerine katlayın ve kenarlarını bir çatalla kapatın.
g) Ciroları çırpılmış yumurta ile fırçalayın.
ğ) Parşömen kağıdıyla kaplı bir fırın tepsisine yerleştirin ve 20-25 dakika veya altın kahverengi olana kadar pişirin.
h) Servis yapmadan önce hafifçe soğumaya bırakın.

57.Ton Balığı Ciroları

İÇİNDEKİLER:
HAMUR İÇİN:
- 300 gram Un
- 1 çay kaşığı Tuz (5 gr)
- 1 paket Kuru maya (10 gr)
- 25 gram eritilmiş domuz yağı veya sade yağ
- 2 Yumurta, hafifçe çırpılmış
- 80 mililitre Süt, ısıtılmış

DOLGU İÇİN:
- 2 yemek kaşığı Zeytinyağı
- 300 mililitre Domates püresi veya 300 gr dörde bölünmüş domates
- 2 adet kırmızı biber, çekirdekleri çıkarılmış ve şeritler halinde kesilmiş
- 1 diş sarımsak, ezilmiş
- 1 kutu yağda ton balığı, suyu süzülmüş ve pullara bölünmüş (400 g)
- Tatmak için tuz ve taze çekilmiş karabiber

TALİMATLAR:
HAMURUN HAZIRLANIŞI:
a) Unu ve tuzu bir kasede eleyin, ardından kuru mayayı ekleyip karıştırın.
b) Kuru malzemelerin ortasına bir havuz açın ve eritilmiş domuz yağı veya sade yağı ve çırpılmış yumurtaları ekleyin. İyice karıştırın.
c) Karışımı yumuşak bir hamur haline getirmek için ısıtılmış sütü yavaş yavaş ekleyin.
ç) Hamuru hafifçe unlanmış bir yüzeyde pürüzsüz hale gelinceye kadar iki ila üç dakika yoğurun.
d) Hamuru tekrar kaseye alın, üzerini örtün ve bir saat kadar mayalanmaya bırakın.

DOLGUNUN HAZIRLANIŞI:
e) Zeytinyağını bir tavada ısıtın ve dörde bölünmüş domatesleri, kırmızı biber şeritlerini ve ezilmiş sarımsağı 10 dakika kadar soteleyin.
f) Süzülmüş ve pul pul dökülmüş ton balığını karıştırın ve tuz ve taze çekilmiş karabiber ile tatlandırın. Ton balığı dolgusunu soğuması için bir kenarda bekletin.

MONTAJ VE PİŞİRME:
g) Yükselen hamuru hafifçe unlanmış bir yüzeyde üç dakika daha yoğurun, ardından yağlanmış bir kaseye geri koyun ve 30 dakika daha kabarmaya bırakın.
ğ) Fırınınızı 180°C (350°F) veya Gas Mark 4'e önceden ısıtın.
h) Hamurun yarısını hafifçe unlanmış bir yüzeyde açın ve dikdörtgen bir fırın tepsisine yerleştirmek için kullanın.
ı) Hazırlanan ton balığını eşit şekilde doldurun.
i) Hamurun kenarlarını suyla fırçalayın.
j) Kalan hamuru açın ve dolgunun üzerine koyun. Kenarları sabitleyin ve fazla hamuru kesin.
k) Üst kabuğun üzerine küçük buhar delikleri açın ve üzerine un serpin.
l) Önceden ısıtılmış fırında 30 ila 45 dakika veya Cirolar soluk altın rengi oluncaya kadar pişirin.
m) Fırından çıkarıp biraz soğuduktan sonra dilimleyip servis yapın.

58.Galiçya Morina Ciroları

İÇİNDEKİLER:
HAMUR
- 250 gr sade un (veya 175 gr normal un ve 75 gr mısır unu)
- 75 ml ılık su
- 50ml zeytinyağı
- 25 mi beyaz şarap
- 20 gr taze maya
- ½ çay kaşığı tuz
- 1 yumurta (yumurta yıkamak için)

DOLGU
- 225 g Morina balığı, tuzu alınmış
- 1 büyük soğan, doğranmış
- 1 büyük kırmızı dolmalık biber, doğranmış
- 2 diş sarımsak, doğranmış
- 2 yemek kaşığı domates sosu
- 1 bardak kuru üzüm
- 1 çay kaşığı toz biber
- 2 yemek kaşığı zeytinyağı
- 1 çay kaşığı tuz

TALİMATLAR:
HAMUR
a) Unu geniş bir kaseye koyun.

b) Mayayı ılık suda eritin. Kaseye ekleyin. Kaseye zeytinyağı, beyaz şarap ve tuzu ekleyin.

c) Mayayı ılık suda eritip tüm malzemeleri kaseye ekleyin. Hamur pürüzsüz hale gelinceye kadar düşük hızda 5 dakika karıştırın.

ç) Önce kaşıkla, sonra elinizle karıştırmaya başlayın. Hamuru temiz mutfak tezgahına alıp pürüzsüz bir hamur olana kadar yoğurun. 8-10 dakika sürer. Bir top haline getirin.

d) Kasenin üzerine biraz un serpin ve topu içine yerleştirin. Üzerini bir bezle örtüp 30 dakika dinlenmeye bırakın.

DOLGU
e) 2 yemek kaşığı zeytinyağını büyük bir tavada düşük-orta ateşte ısıtın. Doğranmış soğanı, biberi ve sarımsağı ekleyip karıştırın. Tuz

ekleyin ve yumuşak ve altın rengi olana kadar orta ateşte pişirin. Yaklaşık 15 dakika.
f) Morinaları küçük parçalar halinde doğrayın. Morina balığını tavaya ekleyin. Domates sosu, kuru üzüm ve kırmızı biber tozunu ekleyin. Karıştırın ve 5 ila 8 dakika pişirin. Doldurmanın biraz sulu olması gerekiyor. Bir kenara koyun.
g) Hamuru şekillendirin ve pişirin (aşağıdaki videoya bakın)
ğ) Hamuru biri taban, diğeri kapak olacak şekilde iki eşit parçaya bölün.
h) Fırını 200°C'ye önceden ısıtın. Üst ve alt ısıtma. Pişirme kağıdını fırın tepsisine yerleştirin.
ı) Parçalardan birini merdaneyle yaklaşık 2-3 mm kalınlığında ince bir tabaka elde edene kadar uzatın.
i) Hamuru fırın tepsisine yerleştirin.
j) Doldurmayı hamurun üzerine yayın, ancak Dönerleri kapatmak için kenarda biraz boşluk bırakın.
k) Diğer hamur parçasını da açın. İlk sayfayla aynı boyutta olması gerekir. Doldurmanın üzerine koyun. Kenarları kapatın.
l) Yüzeye çırpılmış yumurta sürün ve altın rengi olana kadar 30 dakika pişirin. 200°C.
m) Fırından çıkarın ve yemeden önce soğumasını bekleyin.

59.Karides Ciroları

İÇİNDEKİLER:
HAMUR İÇİN:
- 3 su bardağı çok amaçlı un
- 1 çay kaşığı Kaba tuz
- ½ çay kaşığı Öğütülmüş zerdeçal
- ¼ çay kaşığı Beyaz biber
- 10 yemek kaşığı Tuzsuz tereyağı, soğutulmuş ve doğranmış
- 6 yemek kaşığı Domuz yağı, soğutulmuş
- 1 yumurta
- 1 Yumurta sarısı
- ½ bardak Lite bira veya su

DOLGU İÇİN:
- 2 yemek kaşığı Tuzsuz tereyağı
- 1 Büyük soğan, soyulmuş ve doğranmış
- 3 diş sarımsak
- 3 Domates, doğranmış
- ½ çay kaşığı Öğütülmüş kakule
- ⅛ çay kaşığı öğütülmüş karanfil
- ¼ çay kaşığı Beyaz biber
- 1 çay kaşığı Kaba tuz
- 1½ bardak Hurma kalbi, suyu süzülmüş ve doğranmış
- 3 yemek kaşığı Maydanoz
- 1 pound Karides, soyulmuş ve ayrılmış

KAPLAMA VE SIRLAMA İÇİN:
- 1 Yumurta beyazı
- 2 yemek kaşığı Soğuk su, süt veya krema

TALİMATLAR:
HAMURUN HAZIRLANIŞI:
a) Çok amaçlı unu bir kaseye eleyin.
b) Soğutulmuş ve doğranmış tuzsuz tereyağını ekleyin ve karışım iri bir öğüne benzeyene kadar karıştırın.
c) Yumurtayı, yumurta sarısını ve ¼ bardak soğuk suyu ekleyin. Sert bir hamur oluşana kadar karıştırmaya ve su eklemeye devam edin.
ç) Hamuru pürüzsüz hale gelinceye kadar yoğurun, ardından sarın ve 15-30 dakika soğutun.

DOLGUNUN HAZIRLANIŞI:
d) Küçük bir tavada tuzsuz tereyağını ısıtın.
e) Doğranmış soğanı ve sarımsağı ekleyin ve soğan yarı saydam hale gelinceye kadar orta ateşte pişirin, bu yaklaşık 5 dakika sürer.
f) Doğranmış domatesleri, öğütülmüş kakuleyi, öğütülmüş karanfilleri, beyaz biberi ve tuzu ekleyin. Yaklaşık 8 dakika pişirin.
g) Kıyılmış palmiye kalplerini ekleyin ve 5 dakika daha veya sıvı buharlaşana kadar pişirin.
ğ) Doldurmayı bir kenara koyun ve soğumaya bırakın veya üzerini iyice kapatarak gece boyunca buzdolabında saklayın.

MÜHÜR VE SIRLAMANIN YAPILIŞI:
h) Kapatıcıyı ve cilayı oluşturmak için yumurta sarısını ve soğuk suyu karıştırın. Bir kenara koyun.

MONTAJ VE PİŞİRME:
ı) Fırınınızı 400 Fahrenheit'e (200 santigrat derece) önceden ısıtın.
i) Unlanmış bir tahta üzerinde hamuru ⅛ inç kalınlığında açın ve 4 inçlik kareler halinde kesin.
j) Hamur artıklarını yoğurun ve yeniden yuvarlayın, tüm hamur kullanılıncaya kadar kareler oluşturmak için işlemi tekrarlayın.
k) Her karenin ortasına bir çorba kaşığı iç malzemeden koyun ve üzerine bir karides koyun.
l) Hamurun kenarlarını kapatıcıyla nemlendirin ve hamuru dolgunun üzerine katlayarak bir üçgen oluşturun.
m) Kapatmak için kenarları bir çatalla birbirine bastırın.
n) Dönerleri parşömen kağıdıyla kaplı bir fırın tepsisine yerleştirin.
o) Ciroları kalan sırla fırçalayın.
ö) Önceden ısıtılmış fırında 25 dakika veya altın rengi oluncaya kadar pişirin.
p) Ciroları hafifçe soğuması için bir rafa aktarın, ardından sıcak olarak servis yapın.
r) Lezzetli karidesler ve palmiye kalpleriyle dolu leziz Turnovers de Camarão'nun tadını çıkarın!

60.John Dory Ciroları

İÇİNDEKİLER:
HAMUR Ciroları:
- 1 yumurta, hafifçe çırpılmış
- 375 gr sade un
- 1 çay kaşığı kabartma tozu
- 65g tuzsuz soğutulmuş tereyağı, doğranmış

DOLGU:
- 100 ml üzüm çekirdeği yağı
- 700g John Dory filetosu (derisi alınmış), ince doğranmış
- 1 soğan, ince doğranmış
- 1 küçük kırmızı biber, ince doğranmış
- 1 ½ yemek kaşığı tatlı kırmızı biber
- 1 çay kaşığı kurutulmuş kekik
- 2 çay kaşığı öğütülmüş kimyon
- Tatmak için kurutulmuş biber gevreği
- ½ bardak (75g) kuş üzümü
- 2 su bardağı (500ml) balık suyu

TALİMATLAR:
HAMUR İÇİN:

a) Unu, kabartma tozunu, 1 tatlı kaşığı ince tuzu ve tereyağını mutfak robotuna koyun. Karışım ince ekmek kırıntılarına benzeyene kadar işleyin.

b) Motor çalışırken yavaş yavaş 175ml su ekleyin ve karışım bir araya gelinceye kadar işleyin. Disk haline getirin, plastik ambalajın içine koyun ve 2 saat buzdolabında saklayın.

DOLGU İÇİN:

c) Büyük bir dökme demir tavayı yüksek ateşte ısıtın. 25ml yağ ekleyin ve hafif bir bulanıklığa ulaşmasını bekleyin.

ç) Yağ ısındığında, John Dory'nin dörtte birini ekleyin ve büyük topakların oluşmasını önlemek için, balıklar pişip kızarırken bir kaşık kullanarak eşit bir dokuya bölün. Balığın biraz renk almaya başladığından emin olun (bu yaklaşık 1 dakika sürecektir).

d) İnce tuzla hafifçe tatlandırın ve tavadan çıkarın. Yağın çok aroması olduğundan ve son karışımda kullanılacağından kıymayı süzmeyin. Kalan yağ ve balıkla aynı işlemi tekrarlayın.

e) Isıyı orta seviyeye düşürün. Soğanı ve biberi ekleyin ve ara sıra karıştırarak 8-10 dakika yumuşayana ve hafif renk alıncaya kadar pişirin.

f) Kırmızı biber, kekik ve kimyonu ekleyin ve ince tuz ve ihtiyacınız olduğunu düşündüğünüz kadar kırmızı biberle hafifçe baharatlayın. 2 dakika hafifçe kızartın. Kuş üzümü ve balık suyunu ekleyip yüksek ateşte kaynatın.

g) Küçülene ve et suyu kalınlaşıp sebzeleri kaplayana kadar 10-12 dakika pişirin. John Dory'yi karıştırın ve tuzunu ve kırmızı biberini ayarlayarak tadına göre baharatlayın. Bir kaseye aktarın ve 30 dakika soğutun.

ğ) Temiz, un serpilmiş bir yüzeyde hamuru 2 mm kalınlığa kadar açın.

h) 8 cm'lik bir hamur kesici kullanarak, hamur parçalarını yeniden yuvarlayarak 40 tur hamur kesin. Yapışmayı önlemek ve fırın ısınırken soğumasını önlemek için pişirme kağıdının arasına yerleştirin.

PİŞİRMEK:

ı) Fırını önceden 220°C'ye ısıtın. 2 büyük fırın tepsisini pişirme kağıdıyla kaplayın. Her hamur işi turunun ortasına kaşıkla ¾ yemek kaşığı doldurun.

i) Kenarını suyla fırçalayın, yarım ay şeklinde katlayın ve kenarlarını hafifçe unlanmış bir çatalla kıvırın.

j) Hazırlanan tepsilere yerleştirin ve üzerine yumurta sarısı sürün, ardından 30 dakika soğutun.

k) Altın rengi olana kadar 15-20 dakika pişirin. Deniz tuzu gevreği ile sıcak olarak servis yapın.

61. Mısır ve Istakoz Ciroları

İÇİNDEKİLER:

HAMUR:
- 1 ¼ bardak su
- 2 yemek kaşığı sebze yağı veya domuz yağı
- 1 yemek kaşığı tuz
- 4 su bardağı çok amaçlı un
- 1 çay kaşığı şampanya sirkesi

DOLGU:
- ¼ bardak (½ çubuk) tuzsuz tereyağı
- 2 yemek kaşığı doğranmış İspanyol soğanı
- ¼ bardak artı 2 yemek kaşığı çok amaçlı un
- 2 yemek kaşığı beyaz şarap
- 1 bardak tam yağlı süt
- 1 su bardağı mısır taneleri (konserve veya dondurulmuş)
- ¼ çay kaşığı öğütülmüş kimyon
- ¼ çay kaşığı tatlı füme kırmızı biber
- ⅛ çay kaşığı öğütülmüş kişniş
- Tatmak için biber ve tuz
- 1 su bardağı kabaca doğranmış pişmiş ıstakoz eti (yaklaşık 1 kiloluk ıstakozdan, 7 dakika kaynatılıp buzlu suda şoklanmış)
- ¾ su bardağı rendelenmiş keskin kaşar peyniri
- 2 yemek kaşığı kıyılmış frenk soğanı
- 2 yemek kaşığı su ile karıştırılmış 2 yumurta sarısı

TALİMATLAR:

HAMURUN HAZIRLANIŞI:

a) Küçük bir tencerede suyu, katı yağı (veya domuz yağı) ve tuzu birleştirin. Kaynamaya bırakın, ardından ocaktan alın ve 5 dakika dinlenmeye bırakın.

b) Unu, hamur kancası ile donatılmış bir stand mikserinin kasesine yerleştirin. Su karışımını ve şampanya sirkesini ekleyin.

c) Birleştirilene kadar orta hızda karıştırın, ardından hızı artırın ve hamur bir top oluşturup kasenin kenarlarından temiz bir şekilde çekilinceye kadar yaklaşık 5 dakika karıştırın. Gerekirse bir yemek kaşığı su ekleyin.

ç) Hamuru kaseden çıkarın, üzerini streç filmle örtün ve oda sıcaklığında 10 dakika bekletin.
d) Hamuru dörde bölün.
e) Makarna merdanesi veya oklava kullanarak hamurdan bir parçayı ⅛ inç kalınlığında bir tabaka halinde açın.
f) 4 ½ inçlik yuvarlak bir kesici kullanarak sayfadan 2 daire kesin.
g) Hamur halkalarını parşömen kaplı bir kurabiye tepsisine yerleştirin ve başka bir parşömen tabakasıyla örtün. Kalan hamur parçalarıyla aynı işlemi tekrarlayın.
ğ) En az 2 saat buzdolabında saklayın.

DOLGUYU HAZIRLAYIN:
h) Orta ateşte ağır bir tavada tereyağını eritin.
ı) Doğranmış soğanları ekleyin ve şeffaflaşana kadar (yaklaşık 2 dakika) soteleyin.
i) Unu ekleyin ve birleştirmek için karıştırın.
j) Beyaz şarabı ve sütü ekleyin. Isıyı azaltın ve karışım koyulaşana kadar (yaklaşık 2 dakika) sürekli karıştırın.
k) Mısır, kimyon, kırmızı biber ve kişnişi ekleyip tuz ve karabiberle tatlandırın.
l) Ateşten alıp ıstakoz etini, kaşar peynirini ve frenk soğanını ekleyin. Soğuması için bir kenara koyun.

Ciroları Birleştirin:
m) Fırını önceden 425°F'ye ısıtın.
n) Hamur halkalarını hafifçe unlanmış bir yüzeye yerleştirin.
o) Bir dairenin ortasına bir çorba kaşığı mısır-ıstakoz dolgusundan koyun.
ö) Hamurun kenarlarını yumurta sarısı ile yıkayın.
p) Daireyi kendi üzerine katlayın, kenarlarını parmaklarınızla veya çatalla bastırarak kapatın ve bir fırın tepsisine yerleştirin.
r) Tüm Cirolar dolana kadar tekrarlayın.
s) Ciroları altın kahverengi ve kabarık oluncaya kadar pişirin, bu yaklaşık 15 ila 20 dakika sürer.
ş) Dönerleri sıcak olarak servis edin.

62.Sarımsak Otu ve Somon Ciroları

İÇİNDEKİLER:
- 2 adet soğutulmuş Pie Crust, yumuşatılmış
- 6 ons füme somon, kuşbaşı
- 1 paket (5,2 ons) sarımsaklı ve otlarlı Boursin peyniri
- ½ bardak ekşi krema
- 1 yemek kaşığı doğranmış taze frenk soğanı (isteğe bağlı)

TALİMATLAR:
a) Fırınınızı 425°F'ye ısıtın. Büyük bir kurabiye tepsisini parşömen kağıdıyla kaplayın veya üzerine pişirme spreyi sıkın.
b) Pasta kabuklarını poşetlerden çıkarın ve çalışma yüzeyine düz bir şekilde yerleştirin.
c) Her pasta kabuğunu 4 kama şeklinde parçaya kesin.

SOMON VE PEYNİR DOLGUNUN YAPILMASI:
ç) Küçük bir kapta füme somonu ve Boursin peynirini sarımsak ve otlarla iyice birleşene kadar karıştırın.

Ciroları Birleştirin:
d) Yaklaşık 2 yemek kaşığı somon ve peynir karışımını her bir pasta kabuğu diliminin yarısına eşit şekilde yayın ve kenarlarda ¼ inçlik bir kenarlık bırakın.
e) Pasta kabuğunun kenarlarını kapatmaya yardımcı olmak için suyla fırçalayın.
f) Hamurun kullanılmayan yarısını dolgunun üzerine katlayarak bir üçgen oluşturun. Kapatmak için kenarlara sıkıca bastırın.

Ciroları PİŞİRİN:
g) Birleştirilmiş Ciroları hazırlanan çerez kağıdına yerleştirin.
ğ) Önceden ısıtılmış fırında 12 ila 17 dakika veya altın kahverengi oluncaya kadar pişirin.
h) Cirolar piştikten sonra, onları hemen kurabiye kağıdından çıkarın ve yaklaşık 10 dakika soğuması için bir tel rafın üzerine yerleştirin.

EKŞİ KREMA SONUNU HAZIRLAYIN:
ı) Küçük bir kapta ekşi kremayı kaşıklayın.
i) İstenirse doğranmış taze frenk soğanı serpin.
j) Ekşi krema kasesini servis tabağının ortasına yerleştirin.
k) Her sıcak Ciro'yu 2 üçgen oluşturacak şekilde ikiye bölün ve bunları kasenin etrafına yerleştirin.
l) Lezzetli Sarımsak Otu ve Somon Cirolarınızın tadını çıkarın!

63. Mini Yengeç Ciroları

İÇİNDEKİLER:
YENGEÇ DOLGUSU İÇİN:
- 8 ons Jumbo yumru Yengeç Eti, süzülmüş
- ¼ bardak kırmızı biber, doğranmış
- ¼ bardak taze maydanoz, ince doğranmış
- 2 yemek kaşığı taze frenk soğanı, ince doğranmış
- ½ bardak mayonez
- 4 ons çırpılmış krem peynir
- 1 yemek kaşığı limon suyu
- ½ çay kaşığı acı sos
- ¼ bardak Panko galeta unu

Ciroların MONTAJI İÇİN:
- 20 Ciro diski, ikiye kesilmiş ve çözülmüş (paket talimatlarını izleyin)
- Ciroları kapatmak için su (referans için bu tarifteki videoyu izleyin)
- Kızartmak için tavada 1 inç derin mısır yağı

TALİMATLAR:
PİŞİRİLMİŞ YENGEÇ DALI KULLANIMI:
a) Yengeç etini bir kaseye koyun ve hafifçe ufalayın.
b) Kıyılmış kırmızı biberi, ince kıyılmış maydanozu ve ince kıyılmış frenk soğanını ilave edip karıştırın. Yavaşça karıştırın.
c) Mayonez, çırpılmış krem peynir, limon suyu ve acı sos ekleyin. Tekrar yavaşça karıştırın.
ç) Karışımı bir fırın tepsisine yerleştirin.
d) Fırını 425 dereceye ısıtın ve rafı fırının ikinci üst rayına yerleştirin.
e) Pişirmeden hemen önce Panko ekmek kırıntılarını yengeç karışımının üzerine eşit şekilde serpin.
f) Panko hafifçe kızarıncaya kadar pişirin ve pişirme kabının kenarlarında kabarcıklar görebilirsiniz. Bu yaklaşık 20 dakika sürebilir. Gözün üstünde olsun.
g) Bittiğinde crostini, melba tostu veya tercih ettiğiniz seçenekle servis yapın.

SIFIRDAN MİNİ YENGEÇ CİROLARININ YAPILMASI:
ğ) Yengeç karışımını hazırlamak için tüm talimatları izleyin ancak üzerine Panko galeta unu koymayın ve pişirmeyin.
h) Bunun yerine Ciro disklerini ikiye bölün.

ı)   Her yarım diskin kenarlarını suyla nemlendirin.
i)   Her yarım diskin ortasına yaklaşık ½ çay kaşığı yengeç karışımı koyun.
j)   Yarım diski yarım ay şekline gelecek şekilde katlayın ve kenarlarını çatalın uçlarıyla kapatın. Referans için sağlanan videoyu izleyin.
k)   Tüm Cirolar doldurulup mühürlendikten sonra, pişirmeyeceğiniz şeyleri üst üste gelmeyecek şekilde bir tabağa koyarak yaklaşık 30 dakika dondurucuda dondurabilir ve ardından kilitli bir torbaya aktarabilirsiniz. Kızartmaya hazır olana kadar bunları dondurucuda saklayın.
l)   Kızartmaya hazır olduğunuzda bir tavaya yüksek ateşte yaklaşık 1 inç mısır yağı ekleyin.
m)   Yağ ısınınca ısıyı orta seviyeye düşürün ve bir dakika bekleyin.
n)   Her bir mini ciroyu dikkatlice birer birer ekleyin ve hafif altın rengi kahverengi olana kadar kızartın, gerektiği kadar çevirin. Yengeç dolgusunun zaten pişmiş olduğunu ve sadece dışını pişirmemiz gerektiğini unutmayın.
o)   Her durum için mükemmel bir meze olarak lezzetli Mini Yengeç Cirolarınızın tadını çıkarın!

64.Tilapya Ciroları

İÇİNDEKİLER:
- 3 yemek kaşığı zeytinyağı
- ½ bardak beyaz veya sarı soğan, ince doğranmış
- 2 büyük diş sarımsak, ince doğranmış
- 4 Tilapia balık filetosu, çözülmüş
- zevkinize biber
- 2 küçük kırmızı patates, soyulmuş, pişirilmiş ve doğranmış
- 2 havuç, soyulmuş, pişirilmiş ve küçük küpler halinde doğranmış
- 6 siyah zeytin, doğranmış
- 6 yeşil zeytin, doğranmış
- 4 çay kaşığı kapari
- ¾ çay kaşığı tuz
- ¾ çay kaşığı ezilmiş kırmızı biber gevreği
- ¼ çay kaşığı kırmızı biber
- 1 yemek kaşığı beyaz şarap sirkesi
- 6 dal taze maydanoz, ince doğranmış
- 1 kutu puf böreği yaprağı (2 yaprak), çözülmüş
- 1 yumurta

EK MALZEMELER:
- Çok amaçlı un
- Fırın tepsileri
- Parşömen kağıdı
- Ciroları kesmek için 4 inçlik yuvarlak bir kalıp

TALİMATLAR:
a) Fırınınızı önceden 350 derece F (177°C) ısıtın.
b) Zeytinyağını geniş bir tavada ısıtın. İnce doğranmış soğanı ve sarmısağı ekleyip yaklaşık bir dakika soteleyin.
c) Dört tilapia filetosunu tavaya ekleyin.
ç) Tatlandırmak için karabiber ekleyin ve her iki tarafta 2-3 dakika pişirin.
d) Pişen balıkları tavada birkaç çatal kullanarak parçalayın.
e) Balık karışımına pişmiş ve doğranmış patates, havuç, zeytin, kapari, tuz, pul biber, kırmızı biber, ince kıyılmış maydanoz ve beyaz şarap sirkesini ekleyin.
f) 2-3 dakika daha pişirin.

g) Tuzu tadın ve gerekirse ayarlayın.
ğ) Isıyı kapatın ve bir kenara koyun.

MİLF BÖREĞİ HAZIRLANIŞI:

h) 1 puf böreği yaprağını hafifçe unlanmış, temiz bir yüzeye yerleştirin (diğer yaprağı buzdolabında saklayın).

ı) Unlu bir oklava kullanarak, puf böreği tabakasını 12 x 12 inç boyutuna kadar yuvarlayın.

i) Yuvarlak kalıbı kullanarak 9 daire kesin (yuvarlak bir kapak veya bir bardağın kenarını da kullanabilirsiniz).

j) Fazla hamuru plastik bir torbaya koyun ve soğutun.

MONTAJ Ciroları:

k) Her bir ciroyu bir çay kaşığı balık dolgusu ile doldurun.

l) Hamuru dolgunun üzerine katlayın ve kenarları kapanıncaya kadar parmaklarınızla bastırın.

m) Kenarları kıvırmak için bir çatal kullanın.

n) Buharın çıkmasını sağlamak için her Cironun üstüne küçük bir yarık açın.

o) Dönerleri parşömen kağıdıyla kaplı bir fırın tepsisine yerleştirin.

ö) Toplam 9 Ciro için bu işlemi tekrarlayın.

p) İkinci milföy yufkasını buzdolabından alıp 9 tur daha yapın.

r) İlk yufkadaki fazla yufkanın üzerine fazla yufkayı ekleyip birkaç dakika yoğurun ve yufkayı tekrar yuvarlayın.

s) Bu size ek olarak 4-6 Ciro verecektir.

ş) Yumurtayı çırpın ve her dönüşü fırçalayın.

t) 20-22 dakika veya hamur işi altın rengi kahverengi olana kadar pişirin.

u) Lezzetli bir ikram olarak lezzetli Tilapia Cirolarınızın tadını çıkarın!

DOMUZ CİROLARI

65.Çekilmiş Domuz Ciroları

İÇİNDEKİLER:

- 1 lb çekilmiş domuz eti
- 1/2 su bardağı barbekü sosu
- 1/4 bardak doğranmış soğan
- 1/4 bardak doğranmış dolmalık biber
- 1/4 su bardağı rendelenmiş kaşar peyniri
- Tatmak için biber ve tuz
- 1 paket puf böreği, çözülmüş
- 1 yumurta, dövülmüş

TALİMATLAR:

a) Fırını 375°F'ye (190°C) önceden ısıtın.
b) Bir kapta çekilmiş domuz eti, barbekü sosu, doğranmış soğan, doğranmış dolmalık biber, rendelenmiş kaşar peyniri, tuz ve karabiberi karıştırın.
c) Milföy hamurunu açın ve kareler halinde kesin.
ç) Her karenin üzerine çekilmiş domuz eti karışımından bir kaşık koyun.
d) Hamuru üçgen oluşturacak şekilde dolgunun üzerine katlayın ve kenarlarını bir çatalla kapatın.
e) Ciroları çırpılmış yumurta ile fırçalayın.
f) Parşömen kağıdıyla kaplı bir fırın tepsisine yerleştirin ve 20-25 dakika veya altın kahverengi olana kadar pişirin.
g) Servis yapmadan önce hafifçe soğumaya bırakın.

66.Elma Domuz Ciroları

İÇİNDEKİLER:

- 1 lb. öğütülmüş domuz eti
- 2 elma, soyulmuş ve doğranmış
- 1/4 bardak doğranmış soğan
- 1/4 bardak doğranmış kereviz
- 1/4 su bardağı kıyılmış ceviz
- 2 yemek kaşığı akçaağaç şurubu
- Tatmak için biber ve tuz
- 1 paket puf böreği, çözülmüş
- 1 yumurta, dövülmüş

TALİMATLAR:

a) Fırını 375°F'ye (190°C) önceden ısıtın.
b) Bir tavada domuz eti kızarıncaya ve elmalar yumuşayana kadar domuz eti, doğranmış elma, doğranmış soğan ve doğranmış kerevizleri pişirin. Fazla yağı boşaltın.
c) Kıyılmış ceviz, akçaağaç şurubu, tuz ve karabiberi karıştırın.
ç) Milföy hamurunu açın ve kareler halinde kesin.
d) Her kareye bir kaşık dolusu elmalı domuz eti karışımını koyun.
e) Hamuru üçgen oluşturacak şekilde dolgunun üzerine katlayın ve kenarlarını bir çatalla kapatın.
f) Ciroları çırpılmış yumurta ile fırçalayın.
g) Parşömen kağıdıyla kaplı bir fırın tepsisine yerleştirin ve 20-25 dakika veya altın kahverengi olana kadar pişirin.
ğ) Servis yapmadan önce hafifçe soğumaya bırakın.

67. Sosis ve Elma Ciroları

İÇİNDEKİLER:

- 1 lb domuz sosisi
- 2 elma, soyulmuş ve doğranmış
- 1/4 bardak doğranmış soğan
- 1/4 su bardağı rendelenmiş kaşar peyniri
- 1 yemek kaşığı doğranmış taze adaçayı
- Tatmak için biber ve tuz
- 1 paket puf böreği, çözülmüş
- 1 yumurta, dövülmüş

TALİMATLAR:

a) Fırını 375°F'ye (190°C) önceden ısıtın.
b) Bir tavada domuz sosisini, doğranmış elmayı ve doğranmış soğanı sosis kızarana ve elmalar yumuşayana kadar pişirin. Fazla yağı boşaltın.
c) Rendelenmiş kaşar peyniri, doğranmış taze adaçayı, tuz ve karabiberi ekleyip karıştırın.
ç) Milföy hamurunu açın ve kareler halinde kesin.
d) Her kareye birer kaşık sosis ve elma karışımından koyun.
e) Hamuru üçgen oluşturacak şekilde dolgunun üzerine katlayın ve kenarlarını bir çatalla kapatın.
f) Ciroları çırpılmış yumurta ile fırçalayın.
g) Parşömen kağıdıyla kaplı bir fırın tepsisine yerleştirin ve 20-25 dakika veya altın kahverengi olana kadar pişirin.
ğ) Servis yapmadan önce hafifçe soğumaya bırakın.

68.Hoisin Domuz Ciroları

İÇİNDEKİLER:

- 1 lb. öğütülmüş domuz eti
- 1/4 bardak kuru üzüm sosu
- 2 yemek kaşığı soya sosu
- 2 diş sarımsak, kıyılmış
- 1 yemek kaşığı rendelenmiş zencefil
- 1/4 su bardağı doğranmış yeşil soğan
- Tatmak için biber ve tuz
- 1 paket puf böreği, çözülmüş
- 1 yumurta, dövülmüş

TALİMATLAR:

a) Fırını 375°F'ye (190°C) önceden ısıtın.
b) Bir tavada domuz eti, kıyılmış sarımsak ve rendelenmiş zencefili domuz eti kızarana kadar pişirin. Fazla yağı boşaltın.
c) Kuru üzüm sosu, soya sosu, doğranmış yeşil soğan, tuz ve karabiberi karıştırın.
ç) Milföy hamurunu açın ve kareler halinde kesin.
d) Her kareye bir kaşık dolusu kuru üzüm domuz eti karışımını koyun.
e) Hamuru üçgen oluşturacak şekilde dolgunun üzerine katlayın ve kenarlarını bir çatalla kapatın.
f) Ciroları çırpılmış yumurta ile fırçalayın.
g) Parşömen kağıdıyla kaplı bir fırın tepsisine yerleştirin ve 20-25 dakika veya altın kahverengi olana kadar pişirin.
ğ) Servis yapmadan önce hafifçe soğumaya bırakın.

69. Domuz Eti ve Kimchi Ciroları

İÇİNDEKİLER:

- 1 lb. öğütülmüş domuz eti
- 1 bardak kimchi, doğranmış
- 1/4 bardak doğranmış soğan
- 2 diş sarımsak, kıyılmış
- 1 yemek kaşığı soya sosu
- 1 yemek kaşığı susam yağı
- Tatmak için biber ve tuz
- 1 paket puf böreği, çözülmüş
- 1 yumurta, dövülmüş

TALİMATLAR:

a) Fırını 375°F'ye (190°C) önceden ısıtın.
b) Bir tavada kıymayı, doğranmış soğanı ve kıyılmış sarımsağı domuz eti kızarana kadar pişirin. Fazla yağı boşaltın.
c) Kıyılmış kimchi, soya sosu, susam yağı, tuz ve karabiberi ilave edin.
ç) Milföy hamurunu açın ve kareler halinde kesin.
d) Her kareye bir kaşık domuz eti ve kimchi karışımından koyun.
e) Hamuru üçgen oluşturacak şekilde dolgunun üzerine katlayın ve kenarlarını bir çatalla kapatın.
f) Ciroları çırpılmış yumurta ile fırçalayın.
g) Parşömen kağıdıyla kaplı bir fırın tepsisine yerleştirin ve 20-25 dakika veya altın kahverengi olana kadar pişirin.
ğ) Servis yapmadan önce hafifçe soğumaya bırakın.

70.Domuz eti ve lahana ciroları

İÇİNDEKİLER:

- 1 lb. öğütülmüş domuz eti
- 2 su bardağı kıyılmış lahana
- 1/4 bardak doğranmış soğan
- 2 diş sarımsak, kıyılmış
- 2 yemek kaşığı soya sosu
- 1 yemek kaşığı pirinç sirkesi
- Tatmak için biber ve tuz
- 1 paket puf böreği, çözülmüş
- 1 yumurta, dövülmüş

TALİMATLAR:

a) Fırını 375°F'ye (190°C) önceden ısıtın.
b) Bir tavada, domuz eti kızarıncaya ve lahana yumuşayana kadar, domuz eti, kıyılmış lahana, doğranmış soğan ve kıyılmış sarımsağı pişirin. Fazla yağı boşaltın.
c) Soya sosu, pirinç sirkesi, tuz ve karabiberi karıştırın.
ç) Milföy hamurunu açın ve kareler halinde kesin.
d) Her kareye bir kaşık domuz eti ve lahana karışımından koyun.
e) Hamuru üçgen oluşturacak şekilde dolgunun üzerine katlayın ve kenarlarını bir çatalla kapatın.
f) Ciroları çırpılmış yumurta ile fırçalayın.
g) Parşömen kağıdıyla kaplı bir fırın tepsisine yerleştirin ve 20-25 dakika veya altın kahverengi olana kadar pişirin.
ğ) Servis yapmadan önce hafifçe soğumaya bırakın.

71. Domuz Eti ve Fasulye Filiz Ciroları

İÇİNDEKİLER:
- 1 lb. öğütülmüş domuz eti
- 2 su bardağı fasulye filizi
- 1/4 bardak doğranmış soğan
- 2 diş sarımsak, kıyılmış
- 2 yemek kaşığı istiridye sosu
- 1 yemek kaşığı soya sosu
- Tatmak için biber ve tuz
- 1 paket puf böreği, çözülmüş
- 1 yumurta, dövülmüş

TALİMATLAR:
a) Fırını 375°F'ye (190°C) önceden ısıtın.
b) Bir tavada, domuz eti kızarıncaya ve fasulye filizleri yumuşayana kadar, domuz eti, fasulye filizi, doğranmış soğan ve kıyılmış sarımsağı pişirin. Fazla yağı boşaltın.
c) İstiridye sosunu, soya sosunu, tuzu ve karabiberi ekleyip karıştırın.
ç) Milföy hamurunu açın ve kareler halinde kesin.
d) Her kareye bir kaşık dolusu domuz eti ve fasulye filizi karışımını koyun.
e) Hamuru üçgen oluşturacak şekilde dolgunun üzerine katlayın ve kenarlarını bir çatalla kapatın.
f) Ciroları çırpılmış yumurta ile fırçalayın.
g) Parşömen kağıdıyla kaplı bir fırın tepsisine yerleştirin ve 20-25 dakika veya altın kahverengi olana kadar pişirin.
ğ) Servis yapmadan önce hafifçe soğumaya bırakın.

72. Domuz Eti ve Ananas Ciroları

İÇİNDEKİLER:

- 1 lb. öğütülmüş domuz eti
- 1 su bardağı doğranmış ananas
- 1/4 bardak doğranmış dolmalık biber
- 1/4 bardak doğranmış soğan
- 2 diş sarımsak, kıyılmış
- 2 yemek kaşığı soya sosu
- 1 yemek kaşığı esmer şeker
- Tatmak için biber ve tuz
- 1 paket puf böreği, çözülmüş
- 1 yumurta, dövülmüş

TALİMATLAR:

a) Fırını 375°F'ye (190°C) önceden ısıtın.
b) Bir tavada domuz eti kızarana ve sebzeler yumuşayana kadar domuz eti, doğranmış ananas, doğranmış biber, doğranmış soğan ve kıyılmış sarımsağı pişirin. Fazla yağı boşaltın.
c) Soya sosu, esmer şeker, tuz ve karabiberi karıştırın.
ç) Milföy hamurunu açın ve kareler halinde kesin.
d) Her kareye bir kaşık dolusu domuz eti ve ananas karışımını koyun.
e) Hamuru üçgen oluşturacak şekilde dolgunun üzerine katlayın ve kenarlarını bir çatalla kapatın.
f) Ciroları çırpılmış yumurta ile fırçalayın.
g) Parşömen kağıdıyla kaplı bir fırın tepsisine yerleştirin ve 20-25 dakika veya altın kahverengi olana kadar pişirin.
ğ) Servis yapmadan önce hafifçe soğumaya bırakın.

PEYNİR CİROLARI

73.Ispanak ve Beyaz Peynir Ciroları

İÇİNDEKİLER:

- 1 su bardağı doğranmış ıspanak, pişirilmiş ve süzülmüş
- 1/2 su bardağı ufalanmış beyaz peynir
- 1/4 bardak doğranmış soğan
- 1 diş sarımsak, kıyılmış
- 1/4 çay kaşığı kurutulmuş kekik
- Tatmak için biber ve tuz
- 1 paket puf böreği, çözülmüş
- 1 yumurta, dövülmüş

TALİMATLAR:

a) Fırını 375°F'ye (190°C) önceden ısıtın.
b) Bir kapta doğranmış pişmiş ıspanak, ufalanmış beyaz peynir, doğranmış soğan, kıyılmış sarımsak, kurutulmuş kekik, tuz ve karabiberi karıştırın.
c) Milföy hamurunu açın ve kareler halinde kesin.
ç) Her kareye birer kaşık ıspanak ve beyaz peynir karışımından koyun.
d) Hamuru üçgen oluşturacak şekilde dolgunun üzerine katlayın ve kenarlarını bir çatalla kapatın.
e) Ciroları çırpılmış yumurta ile fırçalayın.
f) Parşömen kağıdıyla kaplı bir fırın tepsisine yerleştirin ve 20-25 dakika veya altın kahverengi olana kadar pişirin.
g) Servis yapmadan önce hafifçe soğumaya bırakın.

74.Üç Peynir Cirosu

İÇİNDEKİLER:
- 1 su bardağı rendelenmiş mozarella peyniri
- 1/2 su bardağı ufalanmış beyaz peynir
- 1/4 su bardağı rendelenmiş parmesan peyniri
- 1/4 su bardağı doğranmış taze fesleğen
- Tatmak için biber ve tuz
- 1 paket puf böreği, çözülmüş
- 1 yumurta, dövülmüş

TALİMATLAR:
a) Fırını 375°F'ye (190°C) önceden ısıtın.
b) Bir kapta rendelenmiş mozzarella peyniri, ufalanmış beyaz peynir, rendelenmiş Parmesan peyniri, doğranmış taze fesleğen, tuz ve karabiberi karıştırın.
c) Milföy hamurunu açın ve kareler halinde kesin.
ç) Her kareye üç peynirli karışımdan birer kaşık koyun.
d) Hamuru üçgen oluşturacak şekilde dolgunun üzerine katlayın ve kenarlarını bir çatalla kapatın.
e) Ciroları çırpılmış yumurta ile fırçalayın.
f) Parşömen kağıdıyla kaplı bir fırın tepsisine yerleştirin ve 20-25 dakika veya altın kahverengi olana kadar pişirin.
g) Servis yapmadan önce hafifçe soğumaya bırakın.

75.Kaşar ve Brokoli Ciroları

İÇİNDEKİLER:
- 1 su bardağı doğranmış brokoli, pişirilmiş ve süzülmüş
- 1 su bardağı rendelenmiş kaşar peyniri
- 1/4 bardak doğranmış soğan
- 1 diş sarımsak, kıyılmış
- Tatmak için biber ve tuz
- 1 paket puf böreği, çözülmüş
- 1 yumurta, dövülmüş

TALİMATLAR:
a) Fırını 375°F'ye (190°C) önceden ısıtın.
b) Bir kasede doğranmış pişmiş brokoli, rendelenmiş kaşar peyniri, doğranmış soğan, kıyılmış sarımsak, tuz ve karabiberi karıştırın.
c) Milföy hamurunu açın ve kareler halinde kesin.
ç) Her kareye birer kaşık brokoli ve çedar karışımından koyun.
d) Hamuru üçgen oluşturacak şekilde dolgunun üzerine katlayın ve kenarlarını bir çatalla kapatın.
e) Ciroları çırpılmış yumurta ile fırçalayın.
f) Parşömen kağıdıyla kaplı bir fırın tepsisine yerleştirin ve 20-25 dakika veya altın kahverengi olana kadar pişirin.
g) Servis yapmadan önce hafifçe soğumaya bırakın.

76.Mavi Peynir ve Armut Ciroları

İÇİNDEKİLER:

- 1 su bardağı ufalanmış mavi peynir
- 1 armut, soyulmuş ve doğranmış
- 1/4 su bardağı kıyılmış ceviz
- 2 yemek kaşığı bal
- Tatmak için biber ve tuz
- 1 paket puf böreği, çözülmüş
- 1 yumurta, dövülmüş

TALİMATLAR:

a) Fırını 375°F'ye (190°C) önceden ısıtın.
b) Bir kasede ufalanmış mavi peyniri, doğranmış armudu, kıyılmış cevizi, balı, tuzu ve karabiberi karıştırın.
c) Milföy hamurunu açın ve kareler halinde kesin.
ç) Her kareye bir kaşık dolusu mavi peynir ve armut karışımından koyun.
d) Hamuru üçgen oluşturacak şekilde dolgunun üzerine katlayın ve kenarlarını bir çatalla kapatın.
e) Ciroları çırpılmış yumurta ile fırçalayın.
f) Parşömen kağıdıyla kaplı bir fırın tepsisine yerleştirin ve 20-25 dakika veya altın kahverengi olana kadar pişirin.
g) Servis yapmadan önce hafifçe soğumaya bırakın.

77.Keçi Peyniri ve Közlenmiş Kırmızı Biber Ciroları

İÇİNDEKİLER:
- 1 su bardağı ufalanmış keçi peyniri
- 1/2 su bardağı közlenmiş kırmızı biber, doğranmış
- 2 yemek kaşığı doğranmış taze fesleğen
- Tatmak için biber ve tuz
- 1 paket puf böreği, çözülmüş
- 1 yumurta, dövülmüş

TALİMATLAR:
a) Fırını 375°F'ye (190°C) önceden ısıtın.
b) Bir kapta ufalanmış keçi peyniri, doğranmış közlenmiş kırmızı biber, doğranmış taze fesleğen, tuz ve karabiberi karıştırın.
c) Milföy hamurunu açın ve kareler halinde kesin.
ç) Her karenin üzerine birer kaşık keçi peyniri ve közlenmiş kırmızı biber karışımından koyun.
d) Hamuru üçgen oluşturacak şekilde dolgunun üzerine katlayın ve kenarlarını bir çatalla kapatın.
e) Ciroları çırpılmış yumurta ile fırçalayın.
f) Parşömen kağıdıyla kaplı bir fırın tepsisine yerleştirin ve 20-25 dakika veya altın kahverengi olana kadar pişirin.
g) Servis yapmadan önce hafifçe soğumaya bırakın.

78.Brie ve Cranberry Ciroları

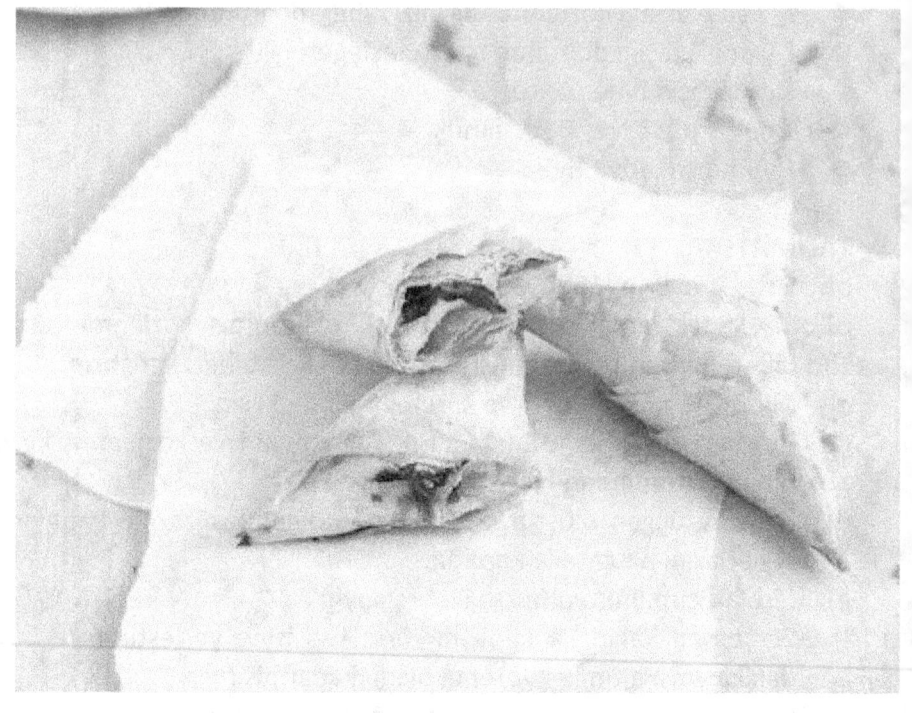

İÇİNDEKİLER:
- 1 tekerlek brie peyniri, kabuğu çıkarılmış ve doğranmış
- 1/2 bardak kızılcık sosu
- 2 yemek kaşığı kıyılmış ceviz
- Tatmak için biber ve tuz
- 1 paket puf böreği, çözülmüş
- 1 yumurta, dövülmüş

TALİMATLAR:
a) Fırını 375°F'ye (190°C) önceden ısıtın.
b) Bir kasede doğranmış brie peynirini, kızılcık sosunu, doğranmış cevizleri, tuzu ve karabiberi karıştırın.
c) Milföy hamurunu açın ve kareler halinde kesin.
ç) Her kareye birer kaşık brie ve kızılcık karışımından koyun.
d) Hamuru üçgen oluşturacak şekilde dolgunun üzerine katlayın ve kenarlarını bir çatalla kapatın.
e) Ciroları çırpılmış yumurta ile fırçalayın.
f) Parşömen kağıdıyla kaplı bir fırın tepsisine yerleştirin ve 20-25 dakika veya altın kahverengi olana kadar pişirin.
g) Servis yapmadan önce hafifçe soğumaya bırakın.

79. Çedar ve Elma Ciroları

İÇİNDEKİLER:
- 1 su bardağı rendelenmiş kaşar peyniri
- 1 elma, soyulmuş ve doğranmış
- 2 yemek kaşığı bal
- 1/4 çay kaşığı öğütülmüş tarçın
- Tatmak için biber ve tuz
- 1 paket puf böreği, çözülmüş
- 1 yumurta, dövülmüş

TALİMATLAR:
a) Fırını 375°F'ye (190°C) önceden ısıtın.
b) Bir kapta rendelenmiş kaşar peyniri, doğranmış elma, bal, tarçın, tuz ve karabiberi karıştırın.
c) Milföy hamurunu açın ve kareler halinde kesin.
ç) Her karenin üzerine birer kaşık kaşar ve elma karışımından koyun.
d) Hamuru üçgen oluşturacak şekilde dolgunun üzerine katlayın ve kenarlarını bir çatalla kapatın.
e) Ciroları çırpılmış yumurta ile fırçalayın.
f) Parşömen kağıdıyla kaplı bir fırın tepsisine yerleştirin ve 20-25 dakika veya altın kahverengi olana kadar pişirin.
g) Servis yapmadan önce hafifçe soğumaya bırakın.

80.Ricotta ve Ispanak Ciroları

İÇİNDEKİLER:
- 1 su bardağı ricotta peyniri
- 1 su bardağı doğranmış ıspanak, pişirilmiş ve süzülmüş
- 1/4 su bardağı rendelenmiş parmesan peyniri
- 1 diş sarımsak, kıyılmış
- Tatmak için biber ve tuz
- 1 paket puf böreği, çözülmüş
- 1 yumurta, dövülmüş

TALİMATLAR:
a) Fırını 375°F'ye (190°C) önceden ısıtın.
b) Bir kasede ricotta peyniri, pişirilip suyu süzülmüş doğranmış ıspanak, rendelenmiş Parmesan peyniri, kıyılmış sarımsak, tuz ve karabiberi karıştırın.
c) Milföy hamurunu açın ve kareler halinde kesin.
ç) Her kareye birer kaşık ricotta ve ıspanak karışımından koyun.
d) Hamuru üçgen oluşturacak şekilde dolgunun üzerine katlayın ve kenarlarını bir çatalla kapatın.
e) Ciroları çırpılmış yumurta ile fırçalayın.
f) Parşömen kağıdıyla kaplı bir fırın tepsisine yerleştirin ve 20-25 dakika veya altın kahverengi olana kadar pişirin.
g) Servis yapmadan önce hafifçe soğumaya bırakın.

81. Mantar ve İsviçre Peyniri Ciroları

İÇİNDEKİLER:

- 1 su bardağı dilimlenmiş mantar
- 1/4 bardak doğranmış soğan
- 1 diş sarımsak, kıyılmış
- 1 su bardağı rendelenmiş İsviçre peyniri
- 2 yemek kaşığı kıyılmış taze maydanoz
- Tatmak için biber ve tuz
- 1 paket puf böreği, çözülmüş
- 1 yumurta, dövülmüş

TALİMATLAR:

a) Fırını 375°F'ye (190°C) önceden ısıtın.
b) Bir tavada dilimlenmiş mantarları, doğranmış soğanı ve kıyılmış sarımsağı yumuşayana kadar soteleyin.
c) Rendelenmiş İsviçre peynirini, doğranmış taze maydanozu, tuzu ve karabiberi karıştırın.
ç) Milföy hamurunu açın ve kareler halinde kesin.
d) Her kareye bir kaşık mantar ve İsviçre peyniri karışımından koyun.
e) Hamuru üçgen oluşturacak şekilde dolgunun üzerine katlayın ve kenarlarını bir çatalla kapatın.
f) Ciroları çırpılmış yumurta ile fırçalayın.
g) Parşömen kağıdıyla kaplı bir fırın tepsisine yerleştirin ve 20-25 dakika veya altın kahverengi olana kadar pişirin.
ğ) Servis yapmadan önce hafifçe soğumaya bırakın.

82.Bacon ve Gouda Ciroları

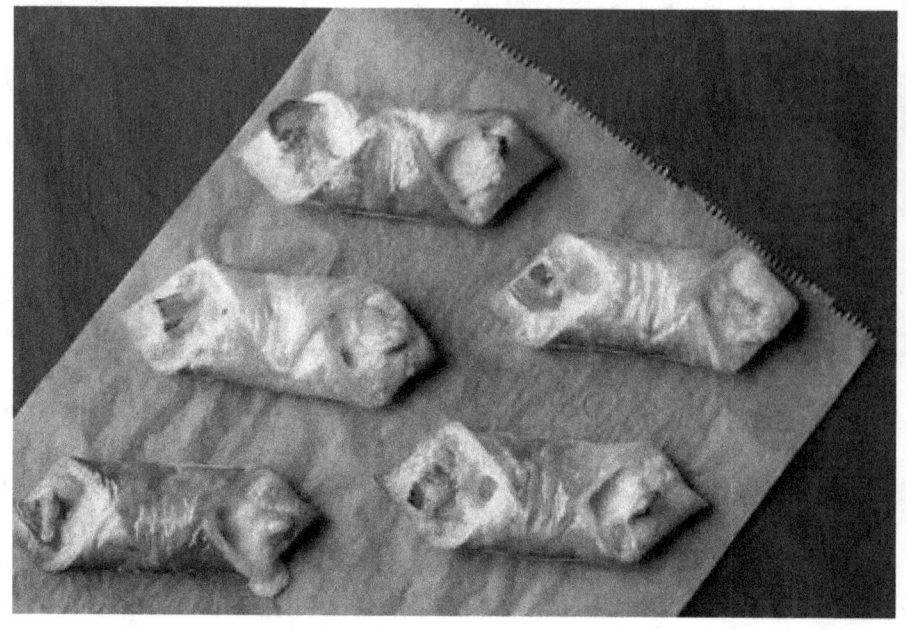

İÇİNDEKİLER:
- 1 su bardağı rendelenmiş Gouda peyniri
- 6 dilim pastırma, pişmiş ve ufalanmış
- 1/4 su bardağı doğranmış yeşil soğan
- Tatmak için biber ve tuz
- 1 paket puf böreği, çözülmüş
- 1 yumurta, dövülmüş

TALİMATLAR:
a) Fırını 375°F'ye (190°C) önceden ısıtın.
b) Bir kasede rendelenmiş Gouda peyniri, ufalanmış pişmiş domuz pastırması, doğranmış yeşil soğan, tuz ve karabiberi karıştırın.
c) Milföy hamurunu açın ve kareler halinde kesin.
ç) Her kareye bir kaşık pastırma ve Gouda karışımı koyun.
d) Hamuru üçgen oluşturacak şekilde dolgunun üzerine katlayın ve kenarlarını bir çatalla kapatın.
e) Ciroları çırpılmış yumurta ile fırçalayın.
f) Parşömen kağıdıyla kaplı bir fırın tepsisine yerleştirin ve 20-25 dakika veya altın kahverengi olana kadar pişirin.
g) Servis yapmadan önce hafifçe soğumaya bırakın.

83. Güneşte Kurutulmuş Domates ve Mozzarella Ciroları

İÇİNDEKİLER:
- 1 su bardağı rendelenmiş mozarella peyniri
- 1/4 bardak doğranmış güneşte kurutulmuş domates
- 2 yemek kaşığı doğranmış taze fesleğen
- Tatmak için biber ve tuz
- 1 paket puf böreği, çözülmüş
- 1 yumurta, dövülmüş

TALİMATLAR:
a) Fırını 375°F'ye (190°C) önceden ısıtın.
b) Bir kasede rendelenmiş mozzarella peyniri, doğranmış güneşte kurutulmuş domates, doğranmış taze fesleğen, tuz ve karabiberi karıştırın.
c) Milföy hamurunu açın ve kareler halinde kesin.
ç) Her kareye birer kaşık güneşte kurutulmuş domates ve mozarella karışımından koyun.
d) Hamuru üçgen oluşturacak şekilde dolgunun üzerine katlayın ve kenarlarını bir çatalla kapatın.
e) Ciroları çırpılmış yumurta ile fırçalayın.
f) Parşömen kağıdıyla kaplı bir fırın tepsisine yerleştirin ve 20-25 dakika veya altın kahverengi olana kadar pişirin.
g) Servis yapmadan önce hafifçe soğumaya bırakın.

84. Enginar ve Parmesan Ciroları

İÇİNDEKİLER:
- 1 su bardağı rendelenmiş parmesan peyniri
- 1 su bardağı doğranmış marine edilmiş enginar kalbi
- 1/4 bardak doğranmış taze maydanoz
- Tatmak için biber ve tuz
- 1 paket puf böreği, çözülmüş
- 1 yumurta, dövülmüş

TALİMATLAR:
a) Fırını 375°F'ye (190°C) önceden ısıtın.
b) Bir kapta rendelenmiş Parmesan peynirini, doğranmış marine edilmiş enginar kalplerini, doğranmış taze maydanozu, tuzu ve karabiberi karıştırın.
c) Milföy hamurunu açın ve kareler halinde kesin.
ç) Her kareye birer kaşık enginar ve Parmesan karışımından koyun.
d) Hamuru üçgen oluşturacak şekilde dolgunun üzerine katlayın ve kenarlarını bir çatalla kapatın.
e) Ciroları çırpılmış yumurta ile fırçalayın.
f) Parşömen kağıdıyla kaplı bir fırın tepsisine yerleştirin ve 20-25 dakika veya altın kahverengi olana kadar pişirin.
g) Servis yapmadan önce hafifçe soğumaya bırakın.

85. Pizza Ciroları

İÇİNDEKİLER:

- 1 paket (2 yaprak) puf böreği, çözülmüş
- 1 bardak marinara sosu
- 1 su bardağı rendelenmiş mozarella peyniri
- 1/4 bardak dilimlenmiş pepperoni
- 1/4 su bardağı dilimlenmiş siyah zeytin
- 1/4 bardak dilimlenmiş mantar
- 1/4 bardak doğranmış dolmalık biber
- 1/4 bardak doğranmış soğan
- 1/4 su bardağı rendelenmiş parmesan peyniri
- 1 yemek kaşığı zeytinyağı
- 1 çay kaşığı kurutulmuş kekik
- 1 çay kaşığı kurutulmuş fesleğen
- Tatmak için biber ve tuz
- Tozunu almak için un

TALİMATLAR:

a) Fırınınızı 200°C'ye (400°F) önceden ısıtın. Bir fırın tepsisini parşömen kağıdıyla hizalayın.
b) Hafifçe unlanmış bir yüzeyde, bir yaprak puf böreği açın. Biraz daha ince hale getirmek için hafifçe yuvarlayın.
c) Bir bıçak veya pizza kesici kullanarak hamuru 4 kareye kesin.
ç) Bir kapta marinara sosu, mozzarella peyniri, pepperoni, siyah zeytin, mantar, dolmalık biber, soğan, Parmesan peyniri, zeytinyağı, kekik, fesleğen, tuz ve karabiberi karıştırın.
d) Her bir milföy karesinin yarısına bir kaşık dolusu pizza dolgusunu kenarlarda bir kenarlık bırakarak yerleştirin.
e) Hamurun diğer yarısını üçgen şekli oluşturacak şekilde dolgunun üzerine katlayın. Kapatmak için kenarları bir çatalla birbirine bastırın.
f) İşlemi kalan puf böreği tabakası ve doldurma ile tekrarlayın.
g) Hazırlanan fırın tepsisine ciroları yerleştirin.
ğ) İstenirse, topların üst kısımlarını biraz zeytinyağıyla fırçalayın ve üzerine ilave Parmesan peyniri serpin.
h) Önceden ısıtılmış fırında 20-25 dakika veya köfteler kabarıp altın rengi kahverengi olana kadar pişirin.
ı) Servis yapmadan önce ciroların birkaç dakika soğumasını bekleyin.
i) Sıcak servis yapın ve lezzetli pizza dönüşlerinizin tadını çıkarın!

TATLI CİROLARI

86.Elma Tarçın Ciroları

İÇİNDEKİLER:

- 2 yaprak puf böreği, çözülmüş
- 2 büyük elma, soyulmuş, çekirdeği çıkarılmış ve doğranmış
- 1/4 su bardağı toz şeker
- 1 çay kaşığı öğütülmüş tarçın
- 1 yemek kaşığı limon suyu
- 2 yemek kaşığı tereyağı, eritilmiş
- Üzerine serpmek için pudra şekeri

TALİMATLAR:

a) Fırınınızı önceden 375°F (190°C) ısıtın. Bir fırın tepsisini parşömen kağıdıyla hizalayın.
b) Bir kasede doğranmış elmaları, toz şekeri, öğütülmüş tarçını ve limon suyunu iyice birleşene kadar karıştırın.
c) Milföy hamurlarını açın ve her birini 4 kareye kesin.
ç) Her bir kare karenin yarısına, kenarlarında bir kenarlık kalacak şekilde elmalı karışımdan bir kaşık koyun.
d) Hamurun diğer yarısını üçgen şekli oluşturacak şekilde dolgunun üzerine katlayın. Kapatmak için kenarları bir çatalla birbirine bastırın.
e) Ciroları hazırlanan fırın tepsisine aktarın.
f) Böreklerin üst kısımlarını eritilmiş tereyağı ile yağlayın.
g) Önceden ısıtılmış fırında 20-25 dakika ya da topaklar altın rengi kahverengi ve kabarıncaya kadar pişirin.
ğ) Pudra şekeri serpmeden önce ciroların birkaç dakika soğumasını bekleyin.
h) Sıcak servis yapın ve tadını çıkarın!

87.Kiraz Badem Ciroları

İÇİNDEKİLER:
- 2 yaprak puf böreği, çözülmüş
- 1 bardak kirazlı turta dolgusu
- 1/4 bardak badem dilimleri
- 1 yumurta, dövülmüş
- 1 yemek kaşığı toz şeker

TALİMATLAR:
a) Fırınınızı önceden 375°F (190°C) ısıtın. Bir fırın tepsisini parşömen kağıdıyla hizalayın.
b) Milföy hamurlarını açın ve her birini 4 kareye kesin.
c) Her kare karenin yarısına bir kaşık dolusu vişneli turta dolgusu koyun, ardından üzerine badem dilimleri serpin.
ç) Hamurun diğer yarısını üçgen şekli oluşturacak şekilde dolgunun üzerine katlayın. Kapatmak için kenarları bir çatalla birbirine bastırın.
d) Ciroları hazırlanan fırın tepsisine aktarın.
e) Böreklerin üst kısımlarına çırpılmış yumurta sürün ve üzerine toz şeker serpin.
f) Önceden ısıtılmış fırında 20-25 dakika ya da topaklar altın rengi kahverengi ve kabarıncaya kadar pişirin.
g) Servis etmeden önce ciroların biraz soğumasını bekleyin.
ğ) Sıcak servis yapın ve tadını çıkarın!

88.Nutella Muz Ciroları

İÇİNDEKİLER:

- 2 yaprak puf böreği, çözülmüş
- 1/2 bardak Nutella
- 2 muz, dilimlenmiş
- 1 yumurta, dövülmüş
- Üzerine serpmek için pudra şekeri

TALİMATLAR:

a) Fırınınızı önceden 375°F (190°C) ısıtın. Bir fırın tepsisini parşömen kağıdıyla hizalayın.
b) Milföy hamurlarını açın ve her birini 4 kareye kesin.
c) Nutella'yı her kare karenin yarısına yayın, ardından üstüne birkaç dilim muz yerleştirin.
ç) Hamurun diğer yarısını üçgen şekli oluşturacak şekilde dolgunun üzerine katlayın. Kapatmak için kenarları bir çatalla birbirine bastırın.
d) Ciroları hazırlanan fırın tepsisine aktarın.
e) Çırpılmış yumurta ile ciroların üst kısımlarını fırçalayın.
f) Önceden ısıtılmış fırında 20-25 dakika ya da topaklar altın rengi kahverengi ve kabarıncaya kadar pişirin.
g) Pudra şekeri serpmeden önce ciroların hafifçe soğumasını bekleyin.
ğ) Sıcak servis yapın ve tadını çıkarın!

89.Şeftali Ayakkabıcı Ciroları

İÇİNDEKİLER:
- 2 yaprak puf böreği, çözülmüş
- 1 su bardağı doğranmış şeftali (taze veya konserve)
- 2 yemek kaşığı toz şeker
- 1 yemek kaşığı limon suyu
- 1/2 çay kaşığı öğütülmüş tarçın
- 1/4 çay kaşığı öğütülmüş hindistan cevizi
- 1 yemek kaşığı mısır nişastası
- 1/4 su bardağı kıyılmış ceviz (isteğe bağlı)
- 1 yumurta, dövülmüş
- Serpmek için Turbinado şekeri (isteğe bağlı)

TALİMATLAR:
a) Fırınınızı önceden 375°F (190°C) ısıtın. Bir fırın tepsisini parşömen kağıdıyla hizalayın.
b) Bir kapta doğranmış şeftalileri, toz şekeri, limon suyunu, tarçını, hindistan cevizini ve mısır nişastasını iyice birleşene kadar karıştırın. Kıyılmış ceviz kullanıyorsanız onları da karıştırın.
c) Milföy hamurlarını açın ve her birini 4 kareye kesin.
ç) Her bir hamur karesinin yarısına şeftali karışımından bir kaşık koyun.
d) Hamurun diğer yarısını üçgen şekli oluşturacak şekilde dolgunun üzerine katlayın. Kapatmak için kenarları bir çatalla birbirine bastırın.
e) Ciroları hazırlanan fırın tepsisine aktarın.
f) Çırpılmış yumurta ile ciroların üst kısımlarını fırçalayın.
g) İsteğe bağlı olarak, daha fazla tatlılık ve doku için ciroların üst kısımlarına turbinado şekeri serpin.
ğ) Önceden ısıtılmış fırında 20-25 dakika ya da topaklar altın rengi kahverengi ve kabarıncaya kadar pişirin.
h) Servis etmeden önce ciroların biraz soğumasını bekleyin.
ı) Sıcak servis yapın ve tadını çıkarın!

90. Vanilya Sırlı Karışık Meyve Ciroları

İÇİNDEKİLER:

- 2 yaprak puf böreği, çözülmüş
- 1 su bardağı karışık meyveler (çilek, yaban mersini, ahududu gibi)
- 1/4 su bardağı toz şeker
- 1 yemek kaşığı mısır nişastası
- 1 çay kaşığı vanilya özü
- 1 yumurta, dövülmüş
- 1 su bardağı pudra şekeri
- 1-2 yemek kaşığı süt

TALİMATLAR:

a) Fırınınızı önceden 375°F (190°C) ısıtın. Bir fırın tepsisini parşömen kağıdıyla hizalayın.
b) Bir kapta, iyice birleşene kadar karışık meyveleri, toz şekeri, mısır nişastasını ve vanilya özünü bir araya getirin.
c) Milföy hamurlarını açın ve her birini 4 kareye kesin.
ç) Her bir hamur karesinin yarısına bir kaşık dolusu meyve karışımını koyun.
d) Hamurun diğer yarısını üçgen şekli oluşturacak şekilde dolgunun üzerine katlayın. Kapatmak için kenarları bir çatalla birbirine bastırın.
e) Ciroları hazırlanan fırın tepsisine aktarın.
f) Çırpılmış yumurta ile ciroların üst kısımlarını fırçalayın.
g) Önceden ısıtılmış fırında 20-25 dakika ya da topaklar altın rengi kahverengi ve kabarıncaya kadar pişirin.
ğ) Sır hazırlamadan önce ciroların hafifçe soğumasını bekleyin.
h) Küçük bir kapta pudra şekeri ve sütü pürüzsüz hale gelinceye kadar çırpın. Sırları sıcak topaklar üzerine gezdirin.
ı) Servis yapın ve tadını çıkarın!

91.Çikolatalı Fındık Ciroları

İÇİNDEKİLER:

- 2 yaprak puf böreği, çözülmüş
- 1/2 bardak çikolatalı fındık ezmesi (Nutella gibi)
- 1/4 su bardağı kıyılmış fındık
- 1 yumurta, dövülmüş
- Üzerine serpmek için pudra şekeri

TALİMATLAR:

a) Fırınınızı önceden 375°F (190°C) ısıtın. Bir fırın tepsisini parşömen kağıdıyla hizalayın.
b) Milföy hamurlarını açın ve her birini 4 kareye kesin.
c) Her kare karenin yarısına çikolatalı fındık sürün, ardından kıyılmış fındık serpin.
ç) Hamurun diğer yarısını üçgen şekli oluşturacak şekilde dolgunun üzerine katlayın. Kapatmak için kenarları bir çatalla birbirine bastırın.
d) Ciroları hazırlanan fırın tepsisine aktarın.
e) Çırpılmış yumurta ile ciroların üst kısımlarını fırçalayın.
f) Önceden ısıtılmış fırında 20-25 dakika ya da topaklar altın rengi kahverengi ve kabarıncaya kadar pişirin.
g) Pudra şekeri serpmeden önce ciroların hafifçe soğumasını bekleyin.
ğ) Sıcak servis yapın ve tadını çıkarın!

92.Sütlaç Ciroları

İÇİNDEKİLER:

- 2 yaprak puf böreği, çözülmüş
- 1 su bardağı pişmiş sütlaç (ev yapımı veya mağazadan satın alınmış)
- 1/4 su bardağı kuru üzüm
- 1 çay kaşığı öğütülmüş tarçın
- 1/4 su bardağı kıyılmış fındık (badem veya ceviz gibi)
- 1 yumurta, dövülmüş
- Üzerine serpmek için pudra şekeri

TALİMATLAR:

a) Fırınınızı önceden 375°F (190°C) ısıtın. Bir fırın tepsisini parşömen kağıdıyla hizalayın.
b) Bir kasede pişmiş sütlaç, kuru üzüm, tarçın ve kıyılmış fındıkları iyice birleşene kadar karıştırın.
c) Milföy hamurlarını açın ve her birini 4 kareye kesin.
ç) Her kare karenin yarısına birer kaşık sütlaç karışımından koyun.
d) Hamurun diğer yarısını üçgen şekli oluşturacak şekilde dolgunun üzerine katlayın. Kapatmak için kenarları bir çatalla birbirine bastırın.
e) Ciroları hazırlanan fırın tepsisine aktarın.
f) Çırpılmış yumurta ile ciroların üst kısımlarını fırçalayın.
g) Önceden ısıtılmış fırında 20-25 dakika ya da topaklar altın rengi kahverengi ve kabarıncaya kadar pişirin.
ğ) Pudra şekeri serpmeden önce ciroların hafifçe soğumasını bekleyin.
h) Sıcak servis yapın ve tadını çıkarın!

SEBZE CİROLARI

93.Otlu Patates Ciroları

İÇİNDEKİLER:

- 2 büyük patates, soyulmuş ve doğranmış
- 1 yemek kaşığı zeytinyağı
- 1 çay kaşığı kurutulmuş kekik
- Tatmak için biber ve tuz
- 1 paket puf böreği yaprağı, çözülmüş
- 1 yumurta, çırpılmış (yumurta yıkamak için)

TALİMATLAR:

a) Fırınınızı önceden 375°F (190°C) ısıtın.
b) Kaynayan bir tencerede küp küp doğradığınız patatesleri yumuşayana kadar haşlayın, ardından süzün ve ezin.
c) Bir tavada zeytinyağını orta ateşte ısıtın. Patates püresini, kekiği, tuzu ve karabiberi ekleyip iyice ısınana kadar pişirin.
ç) Milföy hamurlarını açın ve kareler halinde kesin.
d) Her karenin üzerine patatesli karışımdan bir miktar dökün, hamuru üçgen oluşturacak şekilde katlayın ve kenarlarını çatalla kapatın.
e) Cipsleri parşömen kağıdıyla kaplı bir fırın tepsisine yerleştirin, üstlerine yumurta sarısı sürün ve 20-25 dakika veya altın kahverengi olana kadar pişirin.

94.Mantar Ciroları

İÇİNDEKİLER:

- 2 su bardağı mantar, doğranmış
- 1 yemek kaşığı tereyağı
- 1 diş sarımsak, kıyılmış
- Tatmak için biber ve tuz
- 1 paket puf böreği yaprağı, çözülmüş
- 1 yumurta, çırpılmış (yumurta yıkamak için)

TALİMATLAR:

a) Fırını 375°F'ye (190°C) önceden ısıtın.
b) Bir tavada orta ateşte tereyağını eritin. Mantarları ve sarımsağı ekleyip mantarlar yumuşayana kadar pişirin. Tuz ve karabiberle tatlandırın.
c) Milföy hamurlarını açın ve kareler halinde kesin.
ç) Her karenin üzerine mantarlı karışımdan bir miktar dökün, hamuru üçgen oluşturacak şekilde katlayın ve kenarlarını çatalla kapatın.
d) Cipsleri parşömen kağıdıyla kaplı bir fırın tepsisine yerleştirin, üstlerine yumurta sarısı sürün ve 20-25 dakika veya altın kahverengi olana kadar pişirin.

95.Keçi Peyniri ve Ispanak Ciroları

İÇİNDEKİLER:

- 2 su bardağı taze ıspanak, doğranmış
- 4 ons keçi peyniri, ufalanmış
- 1 paket puf böreği yaprağı, çözülmüş
- 1 yumurta, çırpılmış (yumurta yıkamak için)

TALİMATLAR:

a) Fırını 375°F'ye (190°C) önceden ısıtın.
b) Bir kapta doğranmış ıspanak ve ufalanmış keçi peynirini karıştırın.
c) Milföy hamurlarını açın ve kareler halinde kesin.
ç) Her karenin üzerine ıspanak ve keçi peyniri karışımından bir miktar dökün, hamuru üçgen oluşturacak şekilde katlayın ve kenarlarını çatalla kapatın.
d) Cipsleri parşömen kağıdıyla kaplı bir fırın tepsisine yerleştirin, üstlerine yumurta sarısı sürün ve 20-25 dakika veya altın kahverengi olana kadar pişirin.

96. Gorgonzola Soslu Sebze Ciroları

İÇİNDEKİLER:

- 2 su bardağı karışık sebze (brokoli, karnabahar ve havuç gibi), doğranmış
- 2 yemek kaşığı zeytinyağı
- Tatmak için biber ve tuz
- 1 paket puf böreği yaprağı, çözülmüş
- 1 yumurta, çırpılmış (yumurta yıkamak için)

GORGONZOLA SOSU:
- 1/2 bardak Gorgonzola peyniri, ufalanmış
- 1/2 bardak ağır krema
- Tatmak için biber ve tuz

TALİMATLAR:

a) Fırını 375°F'ye (190°C) önceden ısıtın.
b) Doğranmış sebzeleri zeytinyağı, tuz ve karabiberle karıştırın. Bir fırın tepsisine yayın ve fırında 20-25 dakika veya yumuşayana kadar kızartın.
c) Milföy hamurlarını açın ve kareler halinde kesin.
ç) Her karenin üzerine kavrulmuş sebzelerden bir miktar kaşıkla dökün, hamuru üçgen oluşturacak şekilde katlayın ve kenarlarını çatalla kapatın.
d) Cipsleri parşömen kağıdıyla kaplı bir fırın tepsisine yerleştirin, üstlerine yumurta sarısı sürün ve 20-25 dakika veya altın kahverengi olana kadar pişirin.

GORGONZOLA SOSU:

e) Küçük bir tencerede, ağır kremayı orta ateşte kaynayana kadar ısıtın.
f) Isıyı en aza indirin ve ufalanmış Gorgonzola peynirini ekleyin. Peynir eriyene ve sos pürüzsüz hale gelinceye kadar karıştırın.
g) Tatmak için tuz ve karabiber ekleyin.
ğ) Sebze cirolarını üzerine gezdirilmiş sıcak Gorgonzola sosuyla servis edin.

97.Patates ve Frenk Soğanı Ciroları

İÇİNDEKİLER:

- 2 büyük patates, soyulmuş ve doğranmış
- 1 yemek kaşığı zeytinyağı
- 1 çay kaşığı kurutulmuş frenk soğanı
- Tatmak için biber ve tuz
- 1 paket puf böreği yaprağı, çözülmüş
- 1 yumurta, çırpılmış (yumurta yıkamak için)

TALİMATLAR:

a) Fırını 375°F'ye (190°C) önceden ısıtın.
b) Kaynayan bir tencerede küp küp doğradığınız patatesleri yumuşayana kadar haşlayın, ardından süzün ve ezin.
c) Bir tavada zeytinyağını orta ateşte ısıtın. Patates püresini, frenk soğanı, tuz ve karabiberi ekleyip iyice ısınana kadar pişirin.
ç) Milföy hamurlarını açın ve kareler halinde kesin.
d) Her karenin üzerine patatesli karışımdan bir miktar dökün, hamuru üçgen oluşturacak şekilde katlayın ve kenarlarını çatalla kapatın.
e) Cipsleri parşömen kağıdıyla kaplı bir fırın tepsisine yerleştirin, üstlerine yumurta sarısı sürün ve 20-25 dakika veya altın kahverengi olana kadar pişirin.

98.Ispanak Ciroları

İÇİNDEKİLER:

- 2 su bardağı taze ıspanak, doğranmış
- 1 soğan, ince doğranmış
- 2 diş sarımsak, kıyılmış
- 1 yemek kaşığı zeytinyağı
- Tatmak için biber ve tuz
- 1 paket puf böreği yaprağı, çözülmüş
- 1 yumurta, çırpılmış (yumurta yıkamak için)

TALİMATLAR:

a) Fırını 375°F'ye (190°C) önceden ısıtın.
b) Bir tavada zeytinyağını orta ateşte ısıtın. Doğranmış soğanı ve sarımsağı ekleyip yumuşayıncaya kadar pişirin.
c) Doğranmış ıspanakları tavaya ekleyin ve suyunu çekene kadar pişirin. Tuz ve karabiberle tatlandırın.
ç) Milföy hamurlarını açın ve kareler halinde kesin.
d) Her karenin üzerine ıspanaklı karışımdan bir miktar dökün, hamuru üçgen oluşturacak şekilde katlayın ve kenarlarını çatalla kapatın.
e) Cipsleri parşömen kağıdıyla kaplı bir fırın tepsisine yerleştirin, üstlerine yumurta sarısı sürün ve 20-25 dakika veya altın kahverengi olana kadar pişirin.

99.Patlıcan Ciroları

İÇİNDEKİLER:
- 1 büyük patlıcan, doğranmış
- 2 yemek kaşığı zeytinyağı
- 1 soğan, ince doğranmış
- 2 diş sarımsak, kıyılmış
- Tatmak için biber ve tuz
- 1 paket puf böreği yaprağı, çözülmüş
- 1 yumurta, çırpılmış (yumurta yıkamak için)

TALİMATLAR:
a) Fırını 375°F'ye (190°C) önceden ısıtın.
b) Küp küp doğradığınız patlıcanları zeytinyağı, tuz ve karabiberle karıştırın. Bir fırın tepsisine yayın ve fırında 20-25 dakika veya yumuşayana kadar kızartın.
c) Bir tavada zeytinyağını orta ateşte ısıtın. Doğranmış soğanı ve sarımsağı ekleyip yumuşayıncaya kadar pişirin.
ç) Közlenmiş patlıcanları tavaya ekleyip iyice karıştırın. Gerekirse ilave tuz ve karabiber ekleyin.
d) Milföy hamurlarını açın ve kareler halinde kesin.
e) Her karenin üzerine patlıcanlı karışımdan bir miktar dökün, hamuru üçgen oluşturacak şekilde katlayın ve kenarlarını çatalla kapatın.
f) Cipsleri parşömen kağıdıyla kaplı bir fırın tepsisine yerleştirin, üstlerine yumurta sarısı sürün ve 20-25 dakika veya altın kahverengi olana kadar pişirin.

100. Közlenmiş Domates Soslu Sebze Ciro

İÇİNDEKİLER:
- 2 su bardağı karışık sebze (biber, kabak ve havuç gibi), doğranmış
- 2 yemek kaşığı zeytinyağı
- Tatmak için biber ve tuz
- 1 paket puf böreği yaprağı, çözülmüş
- 1 yumurta, çırpılmış (yumurta yıkamak için)

KAVURULMUŞ DOMATES SOSU:
- 2 su bardağı kiraz domates
- 2 diş sarımsak, kıyılmış
- 2 yemek kaşığı zeytinyağı
- Tatmak için biber ve tuz

TALİMATLAR:
a) Fırını 375°F'ye (190°C) önceden ısıtın.
b) Doğranmış sebzeleri zeytinyağı, tuz ve karabiberle karıştırın. Bir fırın tepsisine yayın ve fırında 20-25 dakika veya yumuşayana kadar kızartın.
c) Milföy hamurlarını açın ve kareler halinde kesin.
ç) Her karenin üzerine kavrulmuş sebzelerden bir miktar kaşıkla dökün, hamuru üçgen oluşturacak şekilde katlayın ve kenarlarını çatalla kapatın.
d) Cipsleri parşömen kağıdıyla kaplı bir fırın tepsisine yerleştirin, üstlerine yumurta sarısı sürün ve 20-25 dakika veya altın kahverengi olana kadar pişirin.

KAVURULMUŞ DOMATES SOSU:
e) Fırını 200°C'ye (400°F) önceden ısıtın.
f) Kiraz domatesleri ve kıyılmış sarımsakları zeytinyağı, tuz ve karabiberle karıştırın. Bir fırın tepsisine yayın ve fırında 20-25 dakika veya domatesler yumuşayıp hafif karamelize olana kadar kızartın.
g) Kavrulmuş domatesleri ve sarımsakları bir blender veya mutfak robotuna aktarın ve pürüzsüz hale gelinceye kadar karıştırın. Gerekirse ilave tuz ve karabiber ekleyin.
ğ) Yanında kavrulmuş domates sosuyla sebze soslarını servis edin.

ÇÖZÜM

"TURNOVER YEMEK KİTABI"a veda ederken, bunu, tadına varılan lezzetlere, yaratılan anılara ve yol boyunca paylaşılan mutfak maceralarına kalplerimiz şükranla dolu olarak yapıyoruz. Ciroların çok yönlülüğünü ve lezzetini kutlayan 100 tarif aracılığıyla, pasta mükemmelliği yolculuğuna çıktık, sıfırdan pul pul, lezzetli ikramlar yaratmanın keyfini keşfettik.

Ancak yolculuğumuz burada bitmiyor. Yeni keşfedilen ilhamla ve ciroların takdiriyle donanmış olarak mutfaklarımıza döndüğümüzde, denemeye, yenilik yapmaya ve yaratmaya devam edelim. İster kendimiz için, ister sevdiklerimiz için, ister misafirlerimiz için yemek yapıyor olalım, bu yemek kitabındaki tarifler gelecek yıllar boyunca neşe ve tatmin kaynağı olarak hizmet etsin.

Ve cironun her lezzetli lokmasının tadını çıkarırken, iyi yemeğin, iyi arkadaşlığın ve pişirme keyfinin basit zevklerini hatırlayalım. Bu lezzetli yolculukta bize katıldığınız için teşekkür ederiz. Cirolarınız hep çıtır, içleriniz hep leziz, mutfağınız hep sıcaklık ve mutlulukla dolsun.

www.ingramcontent.com/pod-product-compliance
Lightning Source LLC
Chambersburg PA
CBHW070400120526
44590CB00014B/1189